구름과 향기

권영자 愛石文集

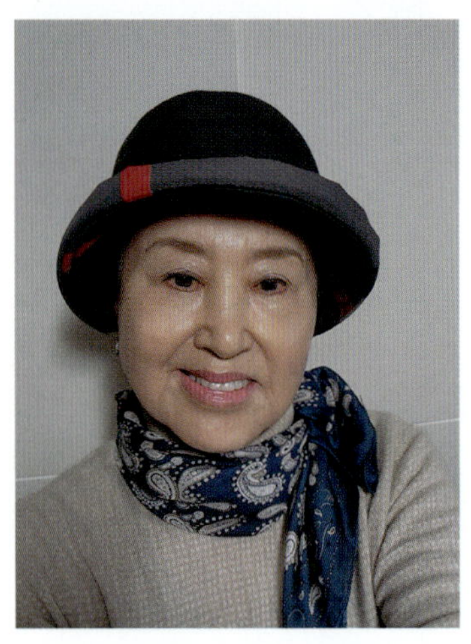

저자 雲香 권영자(權寧子)

· 충남 부여 출생
· 월간 『수필문학』으로 등단
· 한국문인협회 회원. 문학의 집 · 서울 회원
· 한민족수석회 창립12년. 연임회장
· 한수연우회 고문
· 국제문화예술상 수필본상 수상
· 한국여류수석가 1호
· 애석계를 빛낸 인물 선정
· 2005년 7월 『구름과 香氣』 인사동 백악미술관 개인수석전시회 개최.
· 전시기념 『구름과 香氣』 愛石普 발간
· 2025년 5월 14~27일 『구름과 香氣』 인사동 인사아트센터. 개인회고전시회 개최
· 전시기념 『구름과 香氣』 愛石文集 발간

저서
· 『구름과 香氣』 愛石普
· 『구름과 香氣』 愛石文集
· 『그날을 기다리며』(수필집)
· 『그리움 채운자리』(수필집)
· 『조금씩 아주 조금씩』(수필집) 외 공저 다수

bong : http://biog.naver.com/wunhyang (구름향기의 쉼터 & 운향권영자)
Daum. naver. 검색창 (운향권영자 & 구름향기의 쉼터)
E-mail : wunhyang@naver.com

『구름과 香氣』 愛石文集 目次

책을 내는 마음 權 寧 子

祝辭 : 전 국무총리 이수성 —·9
祝詩 : 춘초 유양휴 —·10
祝詩 : 도원 황용섭 —·11
祝書 : 완재 송기영 —·12
祝書 : 지선 스님 —·13
祝畵 ; 함섭 화백 —·14
祝畵 : 서남수 화백 —·15
雲香의 愛藏石 —·16
雲香이 걸어온 愛石의 길 —·270
한민족수석회와 동행 12년
한수연우회와 함께한 32년
愛石風流
운향의 생각 남기기. 이별. 그리움. 희망. —·305
年歷 —·414
편집을 마치며 —·415

雲 香

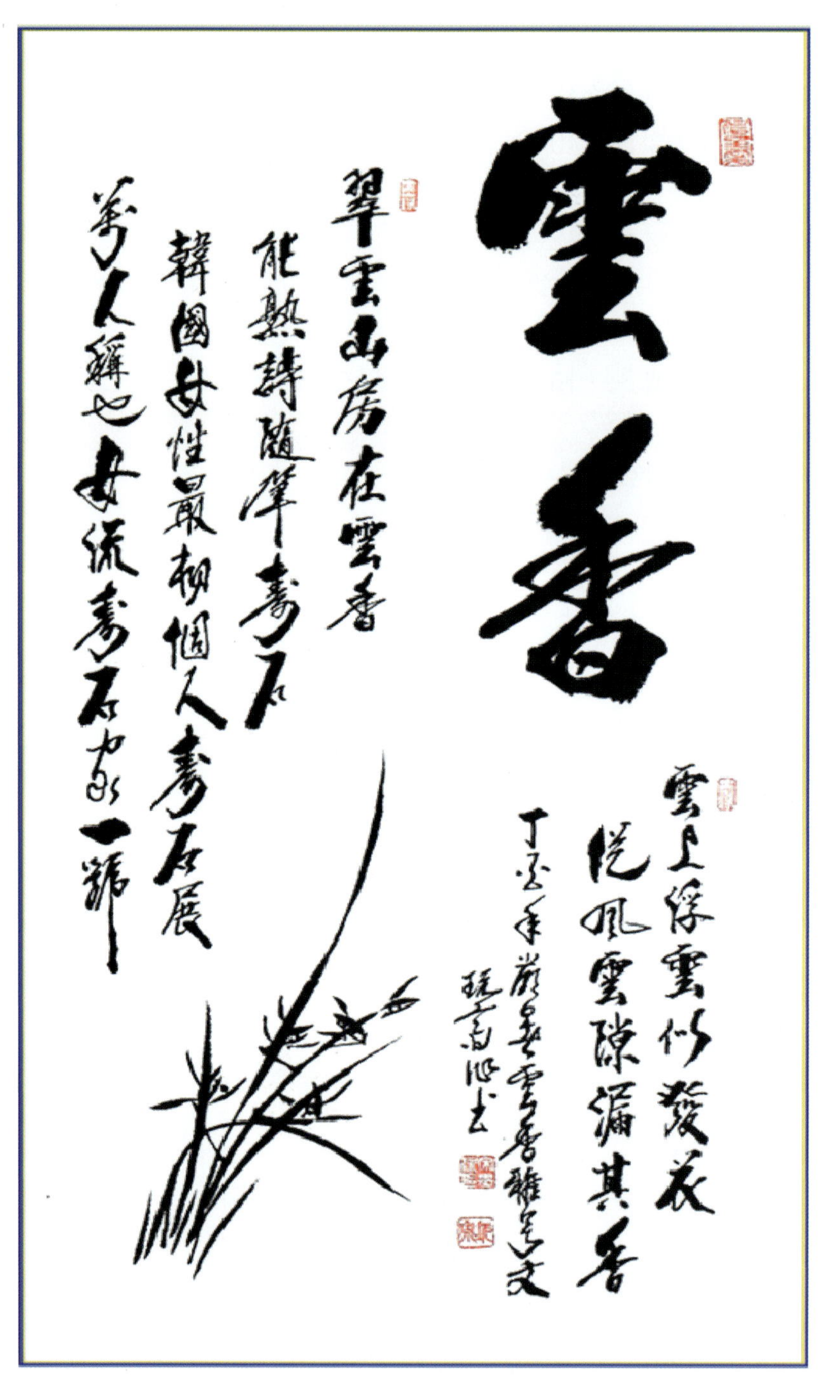

돌을 사랑한

취운산방

翠雲山房 主人

雲香 權 寧 子

愛 石 文 集

발간사

책을 내는 마음

석양 앞에 이르러 지나온 길을 돌아본다.
예까지 오는 동안 굽이굽이 힘겨운 일도 많았지만, 허락된 하루하루에 감사하며 삶에 열정을 지펴온 날들이었다.

그 길에서 필연처럼 다가온 돌과의 만남은 얼마나 나를 나답게 해주었으며, 한결같은 끌림으로 마음 밭에 풍성한 결실을 안겨주었던가.
인연 돌을 만나기 위해 찾아간 돌밭에서 자연에 동화되어 보낸 몰입과 무아의 시간들. 인생길 동반자 無變의 壽石을 만난 것은 크나큰 행운이 아닐 수 없다.

『구름과 香氣』 1集을 발간하고 어언 20년의 세월이 흘렀다.
애석생활 초기부터 더위도 추위도 아랑곳 하지 않고 찾아다닌 남한강에서 만난 돌들과 이런저런 사연으로 인연이 닿은 돌들이 수록된 43년 애석여정의 전반부가 1集에 담겨 있다면,

애석의 길 43년 회고전기념으로 엮은『구름과 香氣』愛石文集은 산지고갈의 아쉬움을 해소시켜준 임진강 돌밭과 3년 넘게 이어진 코로나의 답답한 일상의 권태감을 털어내기 위해 매주 찾아간 인제 소양강 내린천 돌밭에서 나의 석실로 자리를 옮겨온 돌들을 선보이는 애석생활의 후반부이자, 2017년 가을부터 시작한 네이버 블로그「운향 권영자」구름향기의 쉼터에 소장하고 있는 돌들과 일상에서 보고 느낀 단상들을「생각 남기기」라는 제목으로 올린 글을 한데 모은 愛石文集이다.

공감은 언제나 독자의 몫이고, 좋은 돌의 기준은 나와는 무관하다.
자연이 내게 안겨준 선물이고 극적인 만남이 이뤄지던 그 순간의 감동과 탐석지에서의 선명한 추억을 담고 있어 내게는 하나같이 마음이가는 돌들이라, 돌을 사랑한 女人의 자취가 오롯이 담겨 있으면 그뿐 더 바랄 게 없다.

30代 후반에 입문한 애석의 길. 여기까지 올수 있도록 변함없는 응원을 보내준 가족들의 배려와 사랑으로, 여성의 몸으로 하고 싶은 일에 맘껏 나래를 펼칠 수 있었기에 고마운 마음을 이 책에 담아 전한다.

2025. 봄날. 翠雲山房 主人
雲香 權 寧 子

祈願(기원)

産地 : 임진강 / 18. 45. 15

축 사

삶의 길에 남긴 선명한 자취

이 수 성 전 국무총리
한민족수석회 명예회장

전국에서 활발하게 애석활동을 하고 있는 수석인들 모임인 한민족수석회 초대회장으로 10년 넘게 회장 자리를 지켜주신 권영자 회장은 삼십대 후반 남성들이 주류인 수석취미생활을 시작하여 43년을 한결같은 마음으로 돌 사랑의 열정을 지펴 오신 애석인입니다.

권 회장께서는 문화의 중심거리 인사동 미술관에서 회갑전시회와 회고전을 열어 자연물인 수석의 예술적 가치를 극대화시켰고, 두 권의 전시기념석보 "구름과 향기"를 발간해 그분이 사랑한 돌에 예를 갖춘 명실 공히 한국 여류수석가 1호라는 칭호에 걸맞은 애석인입니다. 또한 한국문인협회 회원으로 활동하시며 그동안 3권의 수필집을 발간한 여류작가이기도 합니다.

사람을 알려면 그가 걸어온 길을 보라고 했습니다.
권영자 회장이 쉼 없이 걸어온 애석인과 문학인의 길에 남긴 선명하고 아름다운 족적과 보람찬 결실은 삶을 아름답게 가꿔온 사람만이 누릴 수 있는 보상입니다. 특별한 八旬회고전과 展示記念文集 發刊에 아낌없는 축하와 박수갈채를 보냅니다.

인생을 아름답고 생기 있게 살아오신 한 女人의 藝香이 담긴 回顧展이 인사동을 찾는 예술인과 애석인들의 따뜻한 마음과 함께 성황리에 마쳐지길 바랍니다.
감사합니다.

2025년 5월 16일

축 시

춘초 유 양 휴

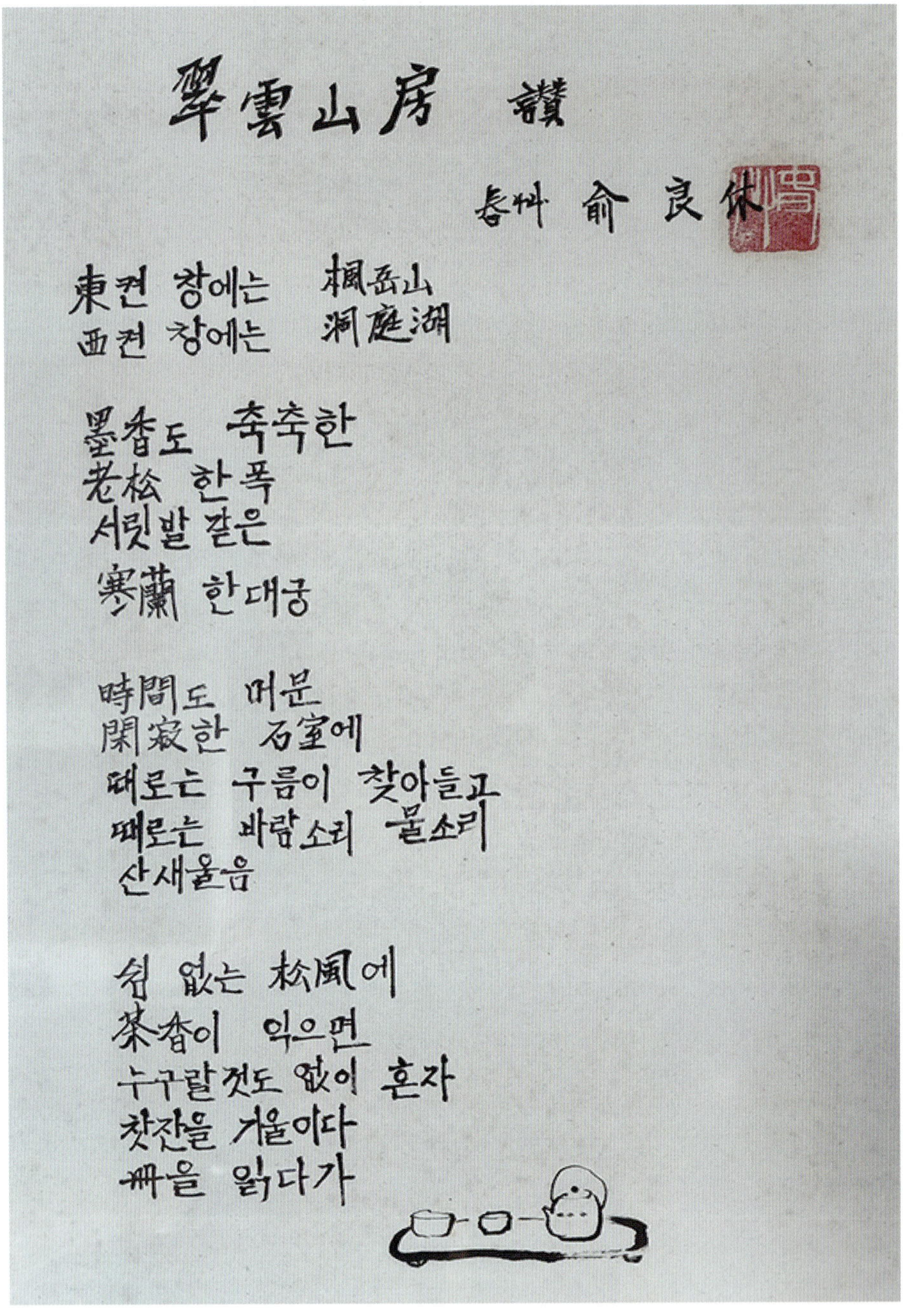

翠雲山房 讚

春州 俞良休

東켠 창에는 楓岳山
西켠 창에는 洞庭湖

墨香도 축축한
老松 한폭
서릿발 같은
寒蘭 한대궁

時間도 머문
閑寂한 石室에
때로는 구름이 찾아들고
때로는 바람소리 물소리
산새울음

쉼 없는 松風에
茶香이 익으면
누구랄것도 없이 혼자
찻잔을 기울이다
冊을 읽다가

축 시

至高한 돌 사랑

陶園 황용섭

謙讓의 미덕으로
만인 두루 어우르는
雲香의 돌 사랑 갈무리 回顧展
세월흔적 드러낸 태고의 숨결
뭇사람 驚異의 눈길 받고 있네.

한 결 같이 걸어온
애석의 길 43년
돌에 생명을 부여해준
구름과 香氣 回甲. 回顧 개인전시회
두 권의 展示記念 석보 발간
그 선명한 자취 길이 남아가리니

남은 날도 예인의 感性으로
생의 熱情 뜨겁게 사르며
여류수석가 1호 先覺者의 모범으로
저 단단한 돌의 몸에
至高한 사랑의 年輪을 새기소서.

축 서

완재 송 기 영

축 서

지선 스님

축 화

함 섭 화백

축 화

서 남 수 화백

古梅(고매)

產地 : 소양강 / 25. 20. 6

매화 讚

옹이 투성이 등 굽은 매화나무가
눈부시도록 흰 꽃송이들을
가지 끝에 촘촘히 매달아 놓았습니다.
저 늙은 고목의 가지에서
눈보다 희고 향기로운 꽃들이 피어나다니요

이는 분명
매화나무가 겨우내 온몸으로 빚어 낸
매화나무의 말씀이고 詩일 것입니다

그래서 그 앞에서 고개를 들지 못 합니다.
저 눈부신 결정 앞에
나의 거친 언어를 詩라 한다는 것이
너무 부끄러운 허세 같아서입니다.

메밀꽃밭

하얀 소금을 뿌려 놓은 것 같다는 이효석의 소설
『메밀꽃 필 무렵』이 생각나는
어둠내린 들녘을 환하게 밝히는 하얀 꽃밭.

産地 : 소양강 / 26. 16. 4

母情 (모정)

열일곱 푸른 꿈 피우지도 못한 채
학도의용군이 되어
전쟁터로 간 뒤
영영 돌아오지 않는 울 오빠
어느 산하 한줌 흙이 되었는지.

그 아들 기다리느라
평생 대문에 빗장을 걸지 않고 살았던
아슴푸레 떠오르는 엄마 얼굴

돌에 그려진 무구한 母情
생전 엄마모습 같아
긴 세월의 강을 헤집는 그리움
아프게 아프게 밀려온다.

産地 : 소양강 / 14. 16. 5

削風老樹 (삭풍노수)

설한풍이 나뭇가지를 흔들고 지난다.
벌거벗은 古木의 몸에
점점이 박힌 傷痕들.
더는 비울 것 없는 허허로움이
어느 老境의 모습 같다.

産地 : 소양강 / 23. 22. 5

麗山春光 (여산춘광)

대지를 깨우는 봄비가 내린다
일어나라 일어나

웅크린 혈관을 펴고 광대의 춤사위로
소생의 기쁨을 노래하라

봄비 스며든 지층마다
깨어나는 생명들 수런거림

어느새
봄산에 초원이 펼쳐있다.

産地 : 인도네시아 / 35. 18. 19

하 트(사랑)

産地 : 임진강 / 30. 22. 4

産地 : 제주 / 14. 12. 3

産地 : 임진강 / 16. 14. 3

一心同體 (일심동체)

우리의 이끌림은
신이 허락한 잉태의 섭리 때문이다.

번개 치듯 혼미한
격정의 순간이 없고서야
어찌 지상명령인
번성하여 땅에 충만하라는
그 지엄한 생명탄생이 있으랴.

우리의 이끌림은
신이 허락한 본능에 충실한 때문이다.

産地 : 임진강 / 19. 21. 10

雪山解氷 (설산해빙)

만년설이 녹아내린 자리에 새 생명이 움튼다.
자연의 순환이 엄숙하고 경이롭다.

産地 : 소양강 / 37. 20. 13

어느 세월에

아득한 생성의 기원
빛과 어둠
모진 풍파 훑고 지난 흔적
정금같이 다듬어
침묵으로 응고된 신비경(神秘境)이여!

어느 세월에
내 귀가
내 눈이 밝아져
고요 속에 침잠한 돌의 말씀
침묵 속에 배어나는 돌의 아픔 헤아릴까.

아직도 형상(形像) 언저리만 서성이니
무시로 이는 부질없는 상념
얼마나 더 다독여야

저 묵언으로 가슴적시는
돌의 무심에 다가갈 수 있을까.

★ 전시장에 걸린 나의 祝 詩 ★

靜中靜 (정중정)

먹빛피부가 비단결 같이 곱다.
물을 뿌리고 돌 앞에 앉으면 마음이 고요해지고
호수에 잠긴 산 그림자가 감상의 깊이를 더해준다.

產地 : 인도네시아 / 25./ 10. 15

熟考決然 (숙고결연)

늪 같이 질펀하게 물이 고인
임진강 갈대숲 근처에서 만난 인상석
지그시 감은 눈
다부지게 다문 입
결연한 의지가 느껴진다.

產地 : 임진강 / 23. 39. 16

含默 (함묵)

먹빛 고요 속에 침잠한 함묵의 언어
세월이 다듬은 조각상(彫刻像)

產地 : 임진강 / 28. 30. 18

雨水春情 (우수춘정)

돌
너에게 보내는 이 무구한 사랑은
고요한 불변의 침묵
말이 없어도
자석처럼 마음을 당기는
사랑할수록 더욱 깊어지는 교감
신비의 그 이끌림 때문이다.

돌
너에게 보내는 이 무구한 눈길은
패이고 구멍 난 상처
묵언의 적신으로 응고된
경이로운 자연의 화두
삶의 깨우침으로 새기려는
마음의 그 간절함 때문이다.

石名 : 雨水春情 / 산지 : 임진강

雲香(운향)

돌의 이미지가 雲香이란 내 雅號를
연상하게 한다는 편지와 함께
오래전 멀리 거제에 살고 있는
어느 애석인이 보내준 선물석이다.

産地 : 청산도 / 17. 15. 10

神話 속으로

사막의 모래밭에서 세월을 잠재우는
신화 속 스핑크스의 환생인가.
태고의 전설 속으로
잡아끄는 신비의 석상이여!

産地 : 임진강 / 30. 21. 7

야 누 스

善과 惡. 기쁨과 슬픔.
사람 마음에 상반된 이중적 속성이 있듯
한 얼굴에 각기 다른 모습이 내재되어 있다.

産地 : 임진강 / 32. 23. 12

雲霧(운무)

드넓은 하늘을 무대삼아
구름이 현란한 상모 춤을 춘다.
창공이 온통 구름세상이다.

産地 : 소양강 / 36. 29. 7

살풀이춤

한과 신명을 풀어내는 몸짓으로
손놀림과 발 디딤새의 춤사위가
너울너울 학의 날갯짓.

産地 : 소양강 / 15. 19. 6

無限(무한)과 有限(유한)

필연처럼 다가온
無限과 有限의 만남
긴 세월
무쇠 달구듯 지펴온 열정
눈빛에 실었던 은밀한 교감

有限의 길
情愛도 어쩌지 못할
내 남은 날들의 가늠

어느 날엔가
홀연 맞을 삶의 消盡
그 이별 뒤
나 무엇이 되어
無限의 그대를 만날까.

疊山祕境 (첩산비경)

遠近의 수려한 山境
구름밭 아래 물결치듯
유연하게 흘러내린 능선들.

나무숲 계곡에선
조잘조잘 흐르는 물소리도 들리는 듯.

產地 : 소양강 / 23. 25. 4

안개꽃

먼 날 내 청춘의 봄날처럼
싱그럽고 난만(爛漫)한 꽃이여!

産地 : 소양강 / 17. 30. 8

山頂湖水(산정호수)

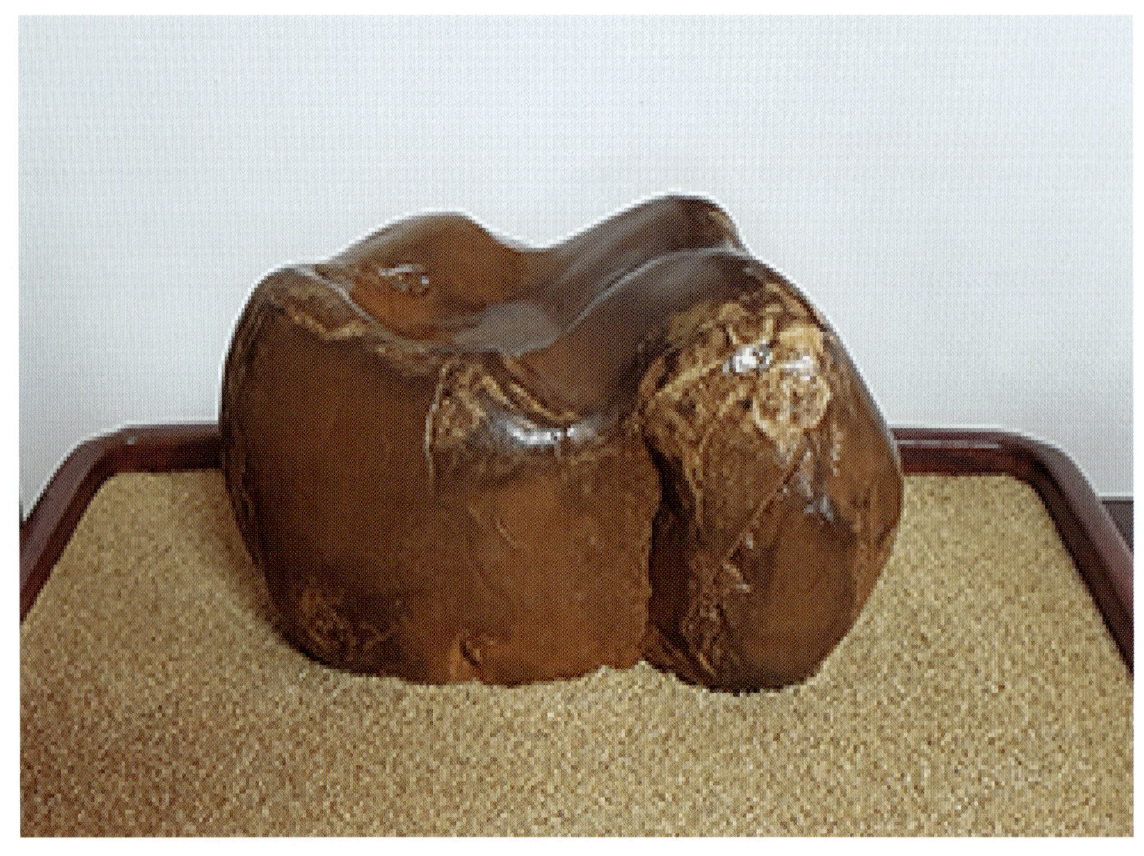

유연하게 흘러내린 능선(稜線)들
하늘바라기 명경수(明鏡水)가 정기(精氣)를 가득품고 있다.

産地 : 임진강 / 30. 18. 17

激浪 (격랑)

격랑(激浪)의 바다
창공은 구경꾼　바람은 지휘자
파도는 오케스트라

뭇 생명 키워내는
대지의 자궁
신비의 보물창고

질주 멈춘 강물
억년 채우고 채워도 늘 배 고픈
저 지독한 허기증

產地 : 남한강 / 15. 13. 7

楓嶽 (풍악)

자연이 그리고 색칠한 바위산에
가을정취가 흥건하다

産地 : 소양강 / 25. 30. 7

戀人 (연인)

꿀송이보다 달콤한 본능의 끌림
사랑을 하면 세상이 온통 꽃밭
조물주가 안겨준 최고의 선물.

産地 : 임진강 / 28. 22. 12

달맞이꽃

여름날 어둠내린 들녘에서
신열 같은 그리움 달빛에 풀어낸 후
동이 트면 꽃잎 사리어
허망하게 시들어버리는
밤에 피는 달맞이 꽃

産地 : 소양강 / 45. 13. 20

還生 (환생)

어둠에서 빛으로

전날 내린 비에 말끔하게 씻긴 내린천 살구미 돌밭
모로 반듯하게 누워있는 밑자리가 마음에 들어 둘레를 파고 돌을 뒤집는 순간
선명하게 드러나는 포효하는 호랑이

억겁세월 캄캄한 땅 속에 묻혀 있다가 시절인연의 때가 이르러
어둠에서 빛의 세상으로 나온 호랑이의 환생(幻生).

이렇듯 가슴을 뛰게 하는 돌과의 만남은 언제나 극적이다.

産地 : 소양강 / 27. 25. 22

楓嶽絶景(풍악절경)

바라만 보아도 숨이 차오르는
天山奇峯의 저 장엄함
치솟은 峰마다 느껴지는 서릿발 한기.

產地 : 소양강 / 17. 25. 7

바람골 臥松

흔들리며 자란 바람골 소나무
몸은 비록 굽어 있지만
하늘에 닿을 듯 무성하게 자란 잎의
강인한 생명력이 의연하다.

産地 : 소양강 / 18. 16. 5

孤獨 (고독)

홀로 다독인 그리움
봄바람이 은둔의 고독을 깨웠는가.
소생의 계절 꽃은 다시 피건만
만날 수 없는 그대와 나
아득한 간격 애달파
하염없이 문밖 서성이네.

産地 : 소양강 / 35. 30. 10

淨心臺(정심대)

먹빛 정적(靜寂)이 안겨주는 고요함
변화가 많은 돌보다 단순하면서도
물 씻김이 고운 돌에 점점 마음이 간다.

產地 : 남한강 / 25. 13. 15

종소리

들려요
새벽마다 엄마를 깨우던
재 넘어 예배당에서 들려오던 그 종소리

보여요
어두운 고갯길 믿음으로 넘으며
하루를 기도로 시작하던 엄마모습

產地 : 중국 / 10. 20. 9

노 을

검붉은 파도가 포말로 부서지는 노을 지는 바닷가.
지상에서의 하루가 다시 과거라는 시간 속으로 흘러가고 있다.

産地 : 소양강 / 42. 30. 7

別有天地(별유천지)

임진강 거친 물살에
누년을 부대껴
다듬고 다듬어진 仙境

눈에서 마음으로 전이된 끌림
돌 앞에 붙박이 된 채
마음 깃만 여미었지.

안으로만 삭이던 재회의 간절함
바람결에 전해졌는가.

애지중지하던 주인(민경덕) 홀연 떠난 뒤
몽매에도 그리던 別有天地
시절인연 이르러 내게로 오다.

産地 : 임진강 / 32. 18. 14

너럭바위

심산유곡(深山幽谷) 맑은 물에
누년(累年)을 씻기고 씻긴
은자(隱者)들의 놀이터

産地 : 소양강 / 32. 11. 17

落花巖(낙화암)

지축을 흔드는 말발굽소리
두려움에 떨던 궁녀들
강물에 몸을 던진 낙화암
무리지어 피어난 진달래꽃
삼천궁녀 넋의 환생인가.

패망의 애달픈 전설
백마강 푸른 물에 풀려
무심으로 흐르는 해질녘
부소산 고란사 종소리
진혼곡인 듯 구슬프다.

産地 : 소양강 / 25. 15. 10

憂愁 (우수)

눈발이 분분히 날리는 어둑한 길을
홀로 걷는 女人이여!

産地 : 소양강 / 18. 14. 5

兄弟峰(형제봉)

모진풍파 의연하게 견뎌낸 기상
패인 자국마다 별리의 아픔이 서려있다.

産地 : 남한강 / 15. 12. 7

無想無念(무상무념)

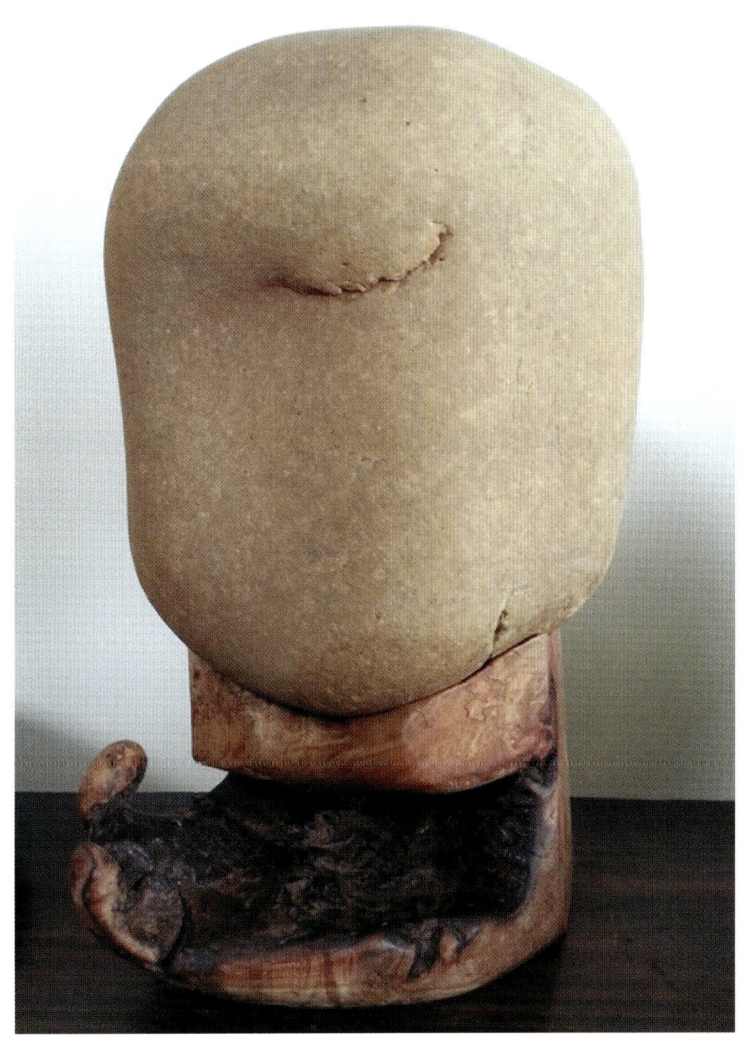

말갛게 비운 마음자리
감은 눈꺼풀에 내려앉은
默言의 고요
돌 얼굴에 서린 무아경(無我)

産地 : 임진강 / 20. 24. 10

오래된 未來

그 섬에 가보고 싶다.
모아이 석상들이 있는 칠레의 이스터섬에
현대과학으로도 여전히 미스터리인
수많은 석상들은 전설을 품은 채 왜 바다만 바라보고 있는 것일까.
모아이 석상들이 연상되는 이 돌들은 임진강에서 나와 인연이 닿았고
「오래된 未來」라는 石名을 붙여 주었다.

産地 : 임진강 / 25. 37. 15

細筆線畫 (세필선화)

자연이 단단한 돌의 표면에 물결치듯
세밀하게 그려놓은 생동감 넘치는 線 畵.

產地 : 소양강 / 40. 24. 12

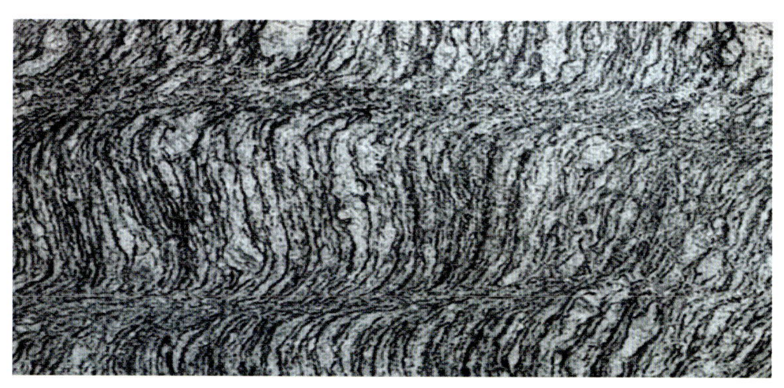

코주부

코만 큰 것이 아니라
인생사도 그러려니 관용의 마음으로 바라볼 것 같다.

産地 : 임진강 / 20. 19. 12

群鳥의 飛翔(군조의 비상)

포물선을 그리며 창공으로 비상하는
새들의 군무(群舞)

産地 : 소양강 / 33. 28. 11

탐석 하는 女人

소양강 탐석에 동행한 친구가 강가에서
탐석하는 내 모습과 닮았다며 건네준 선물석이다.

產地 : 소양강 / 11. 9. 4

探石 (탐석)

권태가 목덜미까지 차오르는 날은
돌밭으로 갈 일이다
심신 말갛게 씻기는 순수의 땅
무심으로 걷노라면
비로소 열리는 마음의 귀
세상 짐 내려놓으라는
억새 살풀이 춤사위
나도 따라 춤을 춘다.

가슴에 허한 바람이 이는 날은
돌밭으로 갈 일이다
무시로 밀려드는 생의 부질없음
조잘조잘 흐르는
강물에 풀리고
황량한 대지 맨살 드러낸
돌들이 건네는 엄숙한 화두
나도 한 점 돌이 된다.

高原 (고원)

자른 듯 반듯한 높은 臺
세월이 다듬어 놓은 高原

産地 : 임진강 / 15. 4. 12

北漢山 칼바위

產地 : 소양강 / 33. 22. 9

秋夜滿月 (추야만월)

가을이 이울고 있다.
저 홍엽마저 가뭇없이 지고나면
한층 깊어질 산(山)의 정적

풀벌레소리 숨죽인
고즈넉한 산중의 밤
중천의 만월(滿月) 홀로 어둠을 밝히네.

産地 : 소양강 / 22. 25. 10

외 눈 박 이

두 눈이 부끄럽지 않게
아름다운 것만 보라고.
외눈박이가 눈으로 말을 한다.

産地 : 주전 / 13. 12. 4

갈대숲에 부는 바람

갈대의 흔들림은 바람 때문이다.
그러나 갈대는 바람을 탓하지 않는다.
순리에 몸을 맡긴 갈대의 저 아름다운 흔들림.

産地 : 소양강 / 33. 23. 10

十字架 / 聖母 마리아

"무거운 짐 진 자들은 다 내게로 오라"

누구나 자기 몫의 삶에 짐을 지고 가는 인생길.
마음으로 듣는 위로의 말씀.

産地 : 임진강 / 18. 15. 8

馬耳東風(마이동풍)

상대방이야 듣든지 말든지
주저리주저리 무슨 말을 저리 하는 걸까
눈높이가 다른 돌의 내면 엿보기

産地 : 임진강 / 좌 18. 40. 10 / 우 18. 31. 5

눈 내리는 밤

흰 눈이 어둠을 환하게 밝히던 밤.
행여 그리운 사람 기척이 들릴까.
잠 못 들던 사춘기 소녀의 모습이
하얀 눈밭에 어른거린다.

產地 : 소양강 / 26. 21. 13

風蘭 (풍난)

바람에 흔들리는 蘭의 춤사위
돌에 핀 꽃에서도 香氣가 전해오네.

産地 : 소양강 / 32. 28. 15

靈山雲地(영산운지)

산으로 빙 둘러친 호수에
파란하늘이 내려 있다.
낭떠러지 패인 절벽 숨구멍을
타고 흐르는 물소리도 들리는 듯하다.

産地 : 인도네시아 / 22. 15. 20

傷痕咆哮(상흔포효)

상처입지 않는 삶이 있을까.
눈퉁이 방퉁이 되어도
살아 있다는 것은 축복이다.

産地 : 임진강 / 17. 24. 12

바람 붓 지난 자리

억년 바람 붓 쓸고 지난 자리
무서리 실금물결 춤추네.
아침마다
아버지가 정갈하게 쓸어낸 마당에
선명하던 빗살무늬 자국
아버지도
고향집 흙 마당도
무심한 세월에 실려가 아득한데
바람결만
문신 같은 그리움 되어
빈 가슴 시리게 휘젓고 지나네.

産地 : 필리핀 / 12. 10. 4

天壇美坪 (천단미평)

그대 그리운 날
하늘 가까이 올라 띄우는 思慕歌.

産地 : 임진강 / 27. 19. 7

晩秋赤壁 (만추적벽)

아슬 한 수직절벽 위 층층 너럭바위에
가을빛이 흥건히 내려있다.

産地 : 소양강 / 34. 13. 16

翡翠石 (비취석)

바람에 물결치듯 흔들리던
고향들녘의 푸르디푸른 청보리밭

産地 : 소양강 / 35. 20. 19

妖精 (요정)

고대 켈트족으로부터 유래되어 온
헬러윈 데이에 나타날 것 같은
자연이 돌에 그려놓은 요정(妖精).

產地 : 소양강 / 23. 30. 5

佛頭花(불두화)

인제 내린천을 휘돌아 흐르는 소양강의 물줄기를 따라
군데군데 펼쳐진 돌밭은 다양한 문양석산지
산으로 빙 둘러 싸인 바람골 넘어 세찬 바람이 윙윙 굉음을
지르는 고갯마루에서 잠시 차오른 숨을 고른 뒤
가파른 경사길을 조심스럽게 내려서야 비로소 만날 수 있는
풍광이 아름다운 소양강의 숨어 있는 돌밭.

그곳에서 인연이 닿은 돌에 핀 불두화는 옛 고향집 마당에
탐스럽게 피어 있던 내가 가장 좋아하는 향수의 꽃이다.

産地 : 소양강 / 30. 29. 11

★ 바람 골 돌밭 가는 길 ★

★ 바람골 돌밭에서 ★

回想 (회상)

마음은 늘 제자리 맴도는데
세월만 저 홀로 가는가.
단발머리 내 파릇한 날들이 그립다.

産地 : 임진강 / 13. 31. 12

겨울 탐석

새벽을 달려 찾아간 임진강 돌밭
물안개 자욱한 강변엔
서리가 하얗게 내려 있고
얼어붙은 돌들 꿈적도 않네.

매서운 강바람
옷 속 파고드는 한기
뜨거운 커피로 녹이며
햇살 내리길 기다리고 있을 때

억세 숲 저만치
선잠에서 깨어난 새들
돌이 무에 그리도 좋아
이 엄동에 해님보다 먼저 왔는가 묻네.

告解聖事 (고해성사)

흔들림 잦은 삶의 길
무시로 넘어지고 상처 입은 마음
거룩한 성모상(聖母像) 앞에
머리 숙여 드리는 치유의 기도.

産地 : 두만강 / 좌 5. 28. 6 우 4. 16. 4

飛天舞 (비천무)

바람이 일으킨 신명인가.
현란한 구름 춤사위가 허공에 포물선을 그린다.

産地 : 소양강 / 19. 23. 8

비 내리는 밤

비가 내린다.
눈물 같은 비가 주룩주룩
미망의 아릿한 기억들이 빗줄기를 타고 흘러내린다.
애상(哀傷)으로 잠 못 드는 밤
내 마음도 비에 흠뻑 젖는다.

産地 : 소양강 / 30. 15. 10

仙境(선경)

뇌성으로 쏟아지는 용소폭포
신령스러운 기운이 감도는 선계(仙界)

産地 : 소양강 / 30. 23. 10

對 話 (대화)

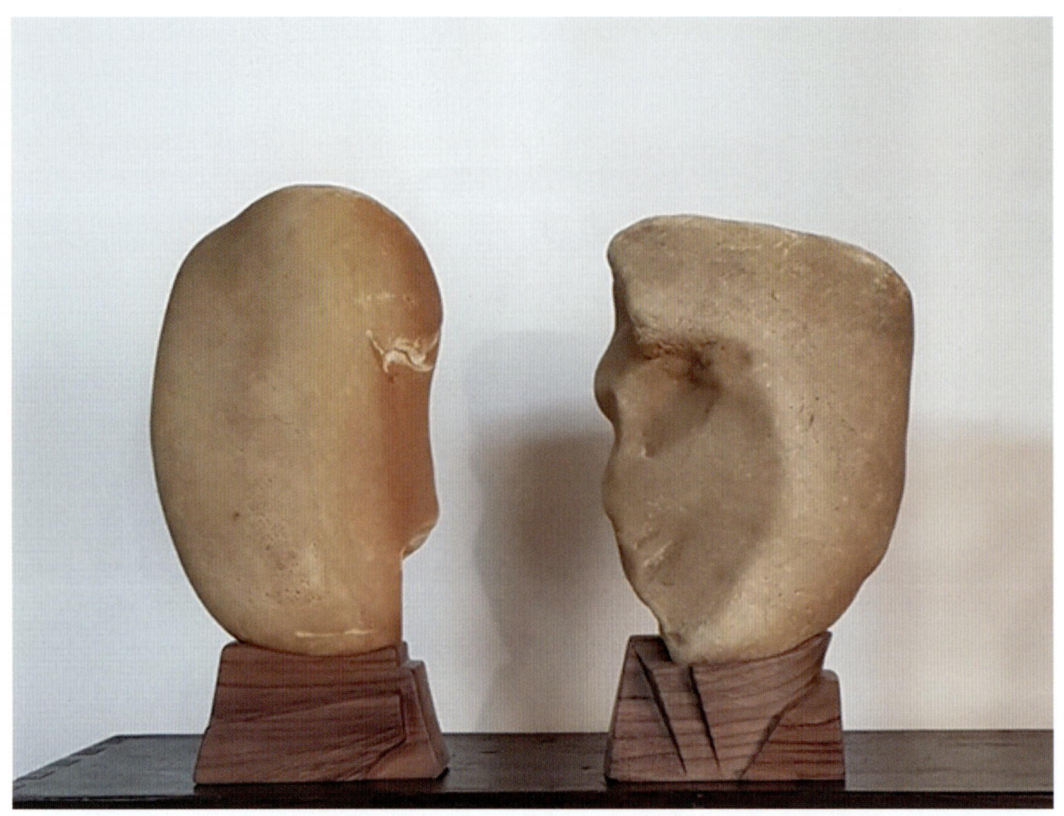

서로 다른 이미지의 인상석을 마주보게 놓으니까
오성과 한음이 생각난다.
마음을 속속들이 알아주는 친구가 가까이 있다면
삶이 얼마나 풍요롭고 행복하겠는가.

産地 : 임진강 / 좌 23. 34. 5 / 우 25. 33. 7

골프 치는 女人

선불리 결과를 점칠 수 없는 골프
업다운 경사길 조심조심 지나다가
공이 벙커 모래 속에 박히기라도 하면
난감한 탈출에 타수를 잃기 예사
정해진 필드를 벗어나면 벌 타를 받는다.

행운을 불러온다는 홀인원은 꿈같은 일
잘 나가는가 싶다가도
한 순간에 무너져 내리는
18홀이 끝나고 장갑을 벗어 봐야 알 수 있는
마치 우리네 인생길 축소판 같다.

産地 : 중국 / 29. 22. 7

라일락꽃과 소녀상

만약에 만약에 다시 태어난다면
향기로 자신의 존재를 알리는
봄날 라일락꽃이 되고 싶어라.

어둡고 긴 세월의 강을 건너오느라
고른 숨조차 쉬지 못하고 살아온
칡덩굴처럼 휘감고 있는 회한들

피지도 못한 채 스러져간 무명초
보랏빛 라일락꽃으로 환생하여
모질고 아픈 기억 진한 향기에 실어
멀리멀리 날려버리고 싶어라.

少女像(소녀상)

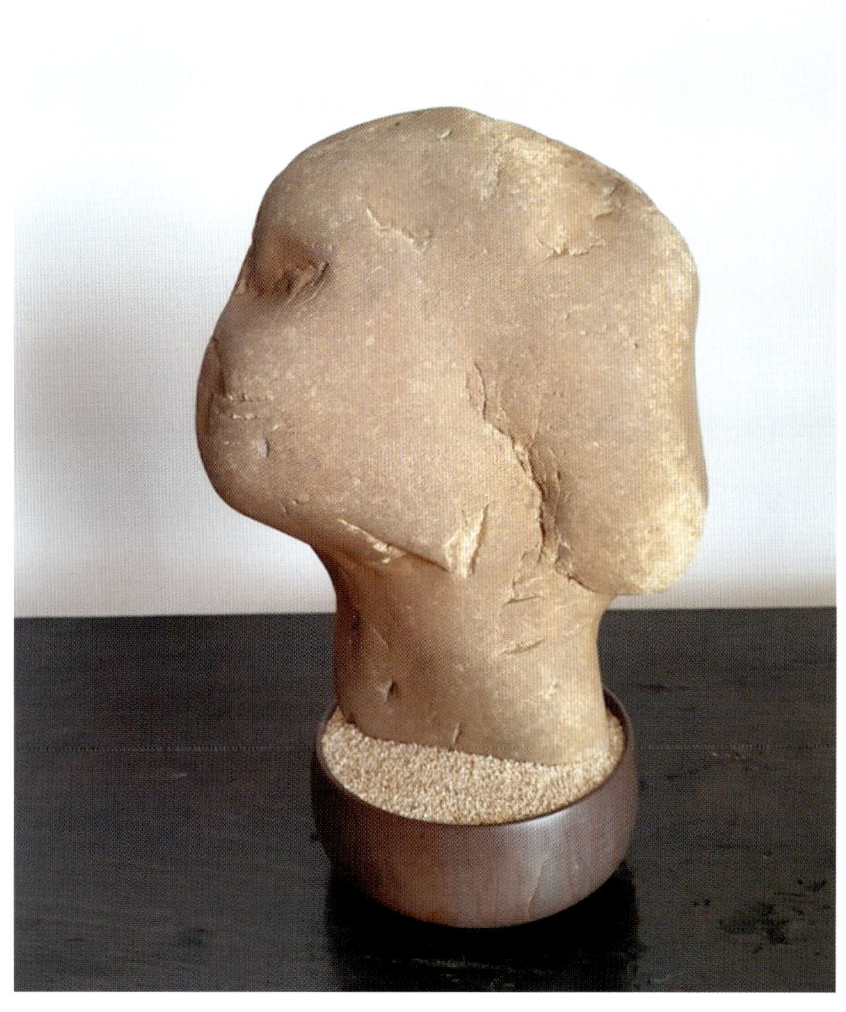

라일락꽃이 만발한 봄날 임진강 돌밭에서
인연 닿은 돌
질곡의 역사 속에 떠밀려
아프게 살다간 여인들의 한생을 떠올리다.

産地 : 임진강 / 18. 26. 6

石山佳境 (석산가경)

자연이 돌에 수묵세필로 그려놓은
바위산의 기세가 등등하다.
장엄하게 솟아 있는 주봉과 부봉의 조화
수직 바위절벽이 마치 실경 같다.

産地 : 소양강 / 37. 35. 15

草蟲圖 (초충도)

신사임당이 그린 초충도
나비의 날갯짓이 힘차다.

産地 : 소양강 / 19. 14. 4

松林(송림)

돌에 담긴 이미지만으로도
실경(實景)의 분위기를 느낄 수 있는 것이
수석감상의 즐거움이다.

産地 : 소양강 / 22. 15. 5

無心 (무심)

기다림에 지쳐 활처럼 휘어진 몸뚱이
등줄기 타고 묵직한 孤獨이 흐른다.
미움조차 사위어 바람에 날리고
無心으로 돌아갔는가.

産地 : 남한강 / 14. 10. 9

茶馬古道(차마고도)

험산준령 길게 이어진 바위틈 절벽 길을 힘겹게
오가던 옛 마부들의 애환이 서린 차마고도.

産地 : 소양강 / 24. 21. 9

옛 茶馬古道

文樣石 (문양석)

자연은 위대한 화가다.
저 단단한 돌
불변의 화폭에
풍경화, 추상화, 인물화
지상의 모든 현상을
세월이라는 붓으로 그려 놓았다.

자연은 위대한 조각가다.
저 단단한 돌에
음각으로 양각으로
여백과 생략의 미(美)까지
감정이 이입되는 작품을
세월이라는 조각도로 새겨 놓았다.

桃園의 봄

복사꽃이 만발했다.
바람에 흩날리는 복사꽃잎이
물에 둥둥 떠내려갔다는 무릉도원(武陵桃源)은
이런 곳이 아니었을까.

産地 : 소양강 / 28. 35. 13

歲月 (세월)

더는 비울 것 없는 무심의 얼굴
한생의 고단함 주름으로 새기고
눈감고 귀 닫고 입마저 다문 채
댓줄기 같이 다부진 숨구멍만 열어 놓았다.

産地 : 중국 22. 30. 13

達寬(달관)

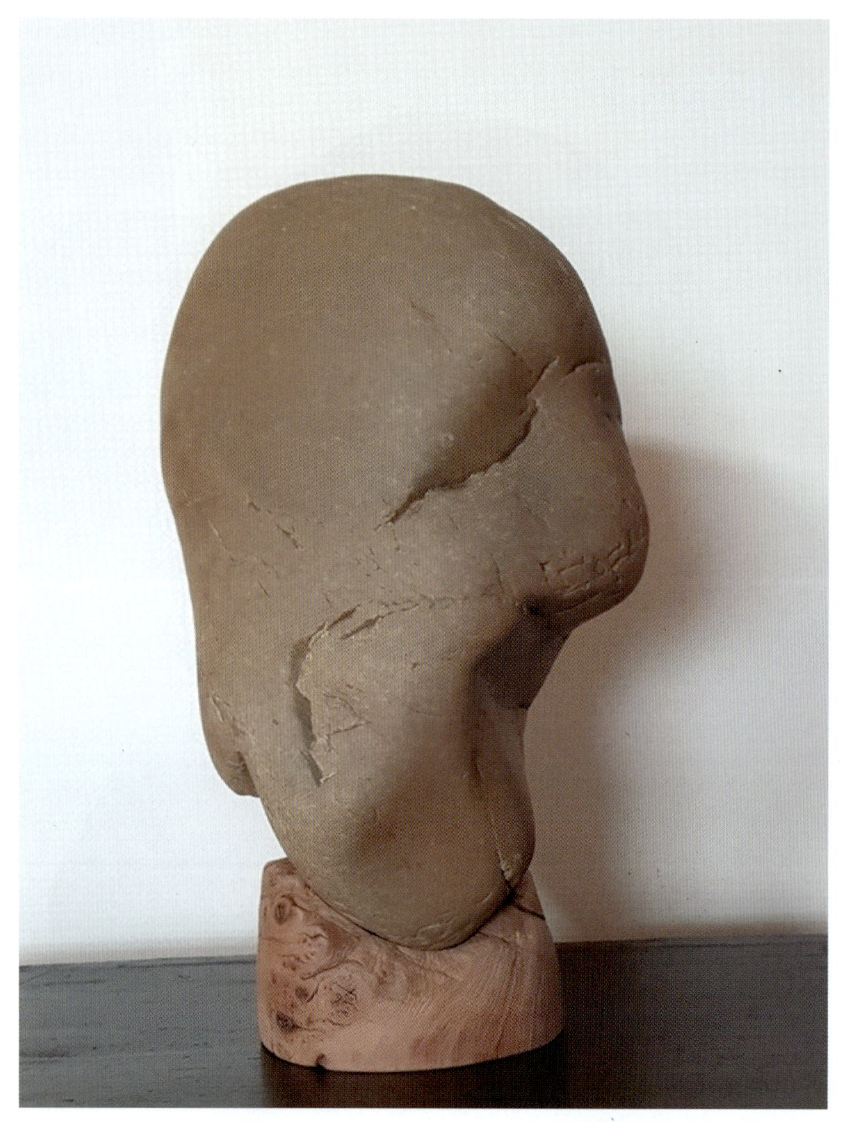

눈 지그시 감고 생각에 잠겨 있는 老翁
바람결 같은 인생길
아둥바둥 살지 말라는 무언의 흘림

產地 : 임진강 / 18. 40. 10

돌 앞에 앉아

삶의 길에서 만나
숱한 날 신열 앓듯
마음 달궈온 동행

자연의 그 오묘한 숨결 앞에 앉으면
살포시 안겨오는 평안과 고요
어느 현의 울림이
이리 오롯이 마음을 잡아끌 수 있을까.

한 순간의 무심도 내어 주지 않은
돌과의 눈맞춤
다시 태어나도 더 가까이 다가갈 것 같은
이 지독한 끌림

日出(일출)

여명(黎明)의 먹구름 사이로
붉은 태양이 힘차게 솟아오른다.

產地 : 소양강 / 24. 20. 4

天山靈峯(천산영봉)

금강산 신선암(神仙岩)이 예인가.
山이 높아 하늘에 닿았고, 峰이 높아 구름을 뚫었네.

産地 : 소양강 / 22. 29. 7

石座佛 (석좌불)

중생의 극락왕생 기원인가.
가부좌를 하고 수행에 든 돌부처의 모습이다.

産地 : 소양강 / 17. 25. 8

三藏法師(삼장법사)

道에 통달한 고승의 위풍당당한 모습인가.
가사의 매무새가 범상치 않다.

産地 : 소양강 / 15. 30. 9

悄然無心 (초연무심)

청산도 절로 절로 녹수도 절로 절로
山 절로 水 절로 산수 간에 나도 절로
이 중에 절로 자란 몸이 늙기도 절로 절로

※ 김인후(金麟厚)의 옛 시조가 생각나는 허허로운 老境이다. ※

産地 : 임진강 / 23. 24

홀로 가는 길

새들도 보금자리에 들 해거름
바람 부는 들판 홀로 가는 女人
무슨 생각에 잠겨 더딘 발길 옮기는가.

석양에 드리워진 긴 그림자
사위에 어둠을 재촉하는데
외로운 黃昏길 머물 곳 어디인가.

産地 : 중국 / 22. 17. 6

사막풍경

하얀 모래사막 불모의 땅에
뿌리를 내리고 자란 사막나무.
그 끈질기고 강인한 생명력이
미국 유타주 서부사막에서 자라는
죠수아 트리(Joshua Trees)를 보는 것 같다.

産地 : 소양강 / 30. 30. 23

月夜 (월야)

중천에 떠 있는 둥근 달
나뭇가지를 흔들고 지나는 바람소리

멀리 있어 더욱 그리운
그 사람 마음에
닿고 싶은 밤이다

產地 : 중국 / 22. 25. 6

一枝紅梅(일지홍매)

구월 어느 날

박 중 옥

인연 있을 것 같은 예감에
급히 달려간
염포 자갈밭

웬
때 아닌 매화가
피어 있기에
한 가지 꺾어 와

보름달 같이
예쁜
우리 누님에게
보내 봅니다.

★ 쭉 뻗은 가지 끝에 피어 있는 절제미가 돋보이는 붉은 매화.
이 돌은 순천에 있는 박중옥님이 詩와 함께 보내준 선물석이다. ★

産地 : 염포 / 8. 6. 3

北漢山 (인수봉)

수유동 옛집에서 바라다 보이던 북한산 인수봉을 닮았다.
저 아득한 바위절벽을 밧줄에 의지해 아슬아슬 오르던
산악인들의 모습도. 등산객의 발길이 끊이지 않던 백운대도
이젠 그리움 속에서만 만난다.

產地 : 소양강 / 25. 27. 10

群像(군상)

피카소의 '아비뇽의 처녀들'이 연상되는
자연이 돌에 그려놓은 군상(群像).

産地 : 소양강 / 23. 7. 16

용오름 瀑布

길게 굽이쳐 흘러내리는 폭포의 물줄기인가.
하늘 향해 솟구쳐 오르는 용오름인가.

産地 : 소양강 / 19. 35. 10

盛夏 (성하)

햇살 따가운 여름 한낮
소나기라도 내리려나 먹구름이 밀려온다.

産地 : 미사리 / 25. 20. 10

쌍계사 벚꽃 길

벚꽃이 흐드러지게 핀 봄날
꽃길 터널을 지나 오른 쌍계사
부처님 얼굴에도 꽃물이 들어 있다.

産地 : 소양강 / 28. 25. 6

虎皮石 (호피석)

색채감과 물 씻김이 좋아
시선이 자주 머무는 애장석이다.

産地 : 임진강 / 21. 29. 6

産地 : 임진강 / 23. 21. 8

連山雲霧(연산운무)

이른 새벽 소양강으로
탐석을 가면서 수없이 보았던
운무에 덮인 연산의 몽환적인 풍경이다.

産地 : 소양강 / 26. 30. 8

비너스 像

產地 : 임진강 / 12. 23. 7

浮彫 女人

產地 : 임진강 / 22. 26. 8

未完의 음계

그대 마음은 빈 악보
전원 교향곡으로 봄빛을 부르다가
삶의 격랑에 휩쓸리면
운명을 연주한다.

産地 : 남한강 / 39. 20. 8

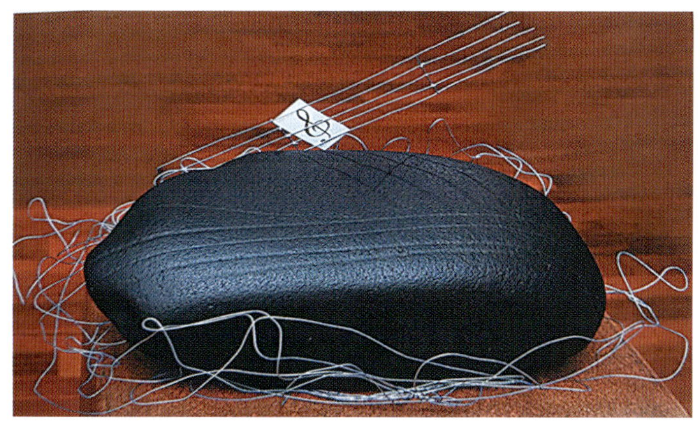

★ 오리진 아트 작품으로 전시했던 수석과 오브제의 융합 ★

개나리꽃

단단한 돌에 지워지지 않는
금빛그림을 그리고
앙상한 가지에 저리 찬란한 빛깔의
꽃을 피워낸 자연의 위대함이여!

産地 : 임진강 / 15. 12. 7

仙界祕境 (선계비경)

저 높은 산정의 누각에서 유유자적 한유를 즐긴다면
뉘라도 신선이 될 것 같은 仙境이다.

産地 : 소양강 / 17. 18. 8

五峰岩(오봉암)

올망졸망 다섯 봉우리가 모여 화기애애한
이 돌은 애석계의 원로이신
운제 정윤모 고문님이 주신 선물석으로
님의 고명한 애석정신을 기리는 전래석(傳來石)이 될 것이다.

産地 : 남한강 / 15. 6. 8

임진강 돌밭에서

탐석열정 한결같이 지펴온 九十老翁
몽매에도 그립던 돌밭에서
돌들 가슴으로 조우하는 뒷모습
강변의 시린 풍경이 되었네.

덧없고 허허로운 老境
아련히 흘러간 탐석의 기억들
되살아나는 돌밭을 거닐며
눈길 거두지 못하는 해질녘

다시 그리움으로 자리할
기약 없는 재회의 아쉬움
더딘 발길 옮기는 老翁의 등 뒤로
석양이 긴 그림자를 드리우네.

★ 2017년 9월. 운제 정윤모 고문님을 모시고 갔던 임진강 탐석 ★

山水風情圖 (산수풍정도)

돌 앞에 앉아 마음의 눈으로 풍경 속으로 든다.
숲에서 들려오는 새소리. 물소리. 바람소리.
어느새 나도 풍경의 일부가 된다.

産地 : 소양강 / 45. 22. 13

복슬 강아지

하얀 털 검은 눈망울의 강아지인가.
검은 드레스를 입고 길을 가는 女人인가.

産地 : 소청도 / 12. 9. 3

遠山疊境 (원산첩경)

가까이 보이는 산
멀리 보이는 큰 산
원근감이 뚜렷하고 장엄한 山境.

産地 : 소양강 / 33. 20. 9

시들지 않는 꽃

시들지 않는 꽃
자연이 그린 꽃밭.

産地 : 마다가스카르 / 13. 13. 5

關心(관심)·1

제주도 여행 중 손자 대진이가 바닷가에서 탐석
할머니에게 선물한 寸石으로
작은 돌에 바람구멍이 시원하게 뚫린
童心의 관심이 발견한 기념석이다.

産地 : 제주도

關心 (관심) · 2

수석에 관심이 많은 손자 대원이가
아빠하고 제주도 해변산책을 하다가
발견한 여행기념 하트석이다.

産地 : 제주 / 14. 12. 3

長城 (장성)

産地 : 남한강 / 35. 9. 8

凝視 (응시)

사막의 이글거리는 태양
높은 바위에 올라 먹잇감을 찾고 있는
생존을 위한 기다림.

産地 : 소양강 / 12. 18. 5

秋山靈峯 (추산영봉)

장엄하게 솟은 峰
천 길 낭떠러지 아슬한 石橋
만산홍엽을 지척인 듯
바라보는 애석의 이 즐거움이여!

産地 : 중국 / 30. 20. 10

돌밭에서 · 1

아! 얼마만인가.
발길 잦았던 임진강 돌밭

설렘으로 찾아간 봄 날
부슬비에 젖은 돌들

오래오래 눈 맞추며
자연의 서기에 흠뻑 취하다.

★ 2018. 4. 봄비 내리는 돌밭에서 풍경의 일부가 되다 ★

北漢山범골

북한산 자락 수유동에서 30여 년을 살았다.
세 아들이 성장기를 보낸 고향 같은 곳으로
지금도 마을고샅이 선하게 그려진다.

산 초입에 있는 가르멜수녀원과 영락기도원을 지나
계곡 물소리를 들으며 경사진 비탈길을 힘겹게 올라가면
정상의 커다란 바위틈에서
물맛이 좋은 석간수가 사철 흘러내린다.

그 약수를 받기 위해 수없이 오르내리던
범골약수터를 닮은 그리운 山境이다.

産地: 소양강 / 20. 12. 9

行雲流水(행운유수)

흘러가는 것이 구름만은 아니었습니다.
흘러가는 것이 강물만도 아니었습니다.

구름에 달 가듯 아이는 어느새 어른이 되고
빈 가슴엔 그리움만 남았습니다.

産地 : 남한강 / 16. 7. 3

萬年雪 (만년설)

가늠할 수 없는 억겁의 세월이
켜켜이 쌓인 凍土의 만년설.

産地 : 소양강 / 20. 18. 6

큰 바위 얼굴

달관의 경지에 이른
石翁의 함박미소가 귀에 걸렸다.

産地 : 남한강 / 30. 20. 13

未完의 얼굴

동그라미 그리려다 무심코 그린 얼굴.
미완의 인연으로 끝난 추억 속 얼굴이 생각난다.

産地 : 임진강 / 13. 15. 6

愛石의 길

그대 처음 만나던 순간
번개 치듯 사랑에 빠져
눈 맞추고 쓰다듬으며 지낸
사십여 성상의 오롯한 동행

억년 고요 속에 가둔
묵언에 귀 기울이면
켜켜이 잠재운 세월 빗장을 열고
응고된 밀어를 풀어내 주는
경계를 허무는 우리의 交感

더러 삶의 짐 버겁다고
응석부리듯 獨白을 흘리면
속정 깊게 토닥이며
내 안 촘촘히 자란
근심의 잔가지들을 쳐주는
곰삭아 살가운 우리 눈맞춤

삶의 길 가다가 홀연 멈춰질
그날이 오면
머뭇거릴 설운 離別에
내 두 눈에 눈물 고이겠지.

紅島 (홍도)

타는 듯 붉은 섬
노을 바다에 홍건히 풀리는 그리움

產地 : 중국 / 25. 23. 6

天空 (천공)

天空은 하늘로 통하는 門
天空은 영생으로 통하는 門
물처럼 맑고 바람처럼 가벼이 살아야
들어갈 수 있는 곳

産地 : 필리핀 / 25. 20. 15

晩景 (만경)

세상에 하나 밖에 없는 그림
자연이 돌에 그려놓은 점묘화.

産地 : 소양강 / 24. 18. 7

線의 美

돌 전체에 정교하게 선들이 그어져 있다.
자연의 신비를 어찌 다 형용하랴.

産地 : 남한강 / 22. 14. 4

雪山佳境 (설산가경)

산이 하얀 눈꽃 이불을 덮고 있다.
머잖아 동면에서 깨어날 생명들
기지개를 펼 소생의 봄이 오겠지.

産地 : 소양강 / 38. 25. 17

樹林深谷 (수림심곡)

바라만 보아도 마음이 맑아지는
깊은 계곡 청정 원시림(原始林)

産地 : 소양강 / 18. 19. 6

秋色滿然 (추색만연)

만추의 풍경을 그려 놓은
자연은 색채의 마술사다.

產地 : 소양강 / 33. 24. 5

雄飛靈峰 (웅비영봉)

쉽게 곁을 내어주지 않을 것 같은
서릿발 같이 날카로운 기상.
장엄하게 솟구친 혈맥이 경이롭다.

産地 : 남한강 / 15. 6. 4

개구쟁이

천방지축 상처가실 날 없었던
세 아들의 어릴 적 모습이 생각나
미소 짓게 하는 무구한 童心이 담겨있다.

產地 : 중국 / 35. 30. 10

돌밭에서 · 2

돌밭에 가면 그 무엇에도 매이지 않는
영혼의 자유를 누린다.
발길이 이끄는 대로. 시선이 가는 대로
그렇게 시간도 잊은 채 자연의 일부가 된다.
이 얼마나 은혜로운 선물인가.

* 소양강 돌밭 *

1. 2. 3. 4. 5

6. 7. 8. 9. 10

薇笑 (미소)

호방한 함박웃음
천진한 히죽 웃음
눈과 코가 생략된 두 얼굴에
환한 미소가 담겨 있다.

產地 : 임진강 / 좌 34. 35. 13 / 우 17. 20. 4

女人의 기다림

어둠 내리는 해질녘 사립문 밖에서
누굴 저리 애타게 기다리고 있는가.
女人의 하염없는 기다림이 애달다.

産地 : 소양강 / 29. 22. 15

截頭石 (절두석)

누년 스쳐간 바람칼에 잘렸는가.
세찬 물살에 베인 상처인가.
자르고 다듬은 자연의 신비여!

産地 : 임진강 / 24. 31. 10

産地 : 임진강 / 24. 22. 13

이과수 瀑布

굉음을 지르며 폭포수가 힘차게 쏟아져 내린다.
저 많은 물이 사철 멈추지 않고 흘러내리는
자연의 위대한 경이에 어찌 겸허해지지 않으리.

産地 : 소양강 / 13. 8. 4

未明曉林(미명효림)

어둠을 걷어내며 밝아오는 아침.
살아있으므로 맞이하는 새 날의 환희

産地 : 소양강 / 36. 23. 6

잠꾸러기

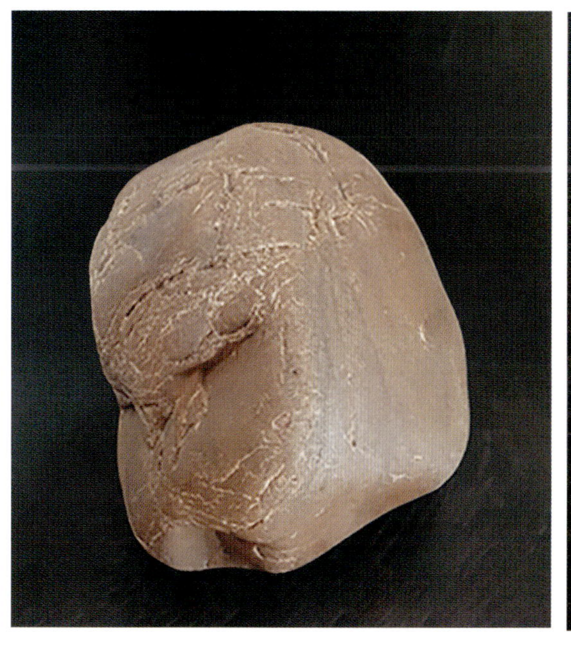

産地 : 임진강 / 22. 17. 8

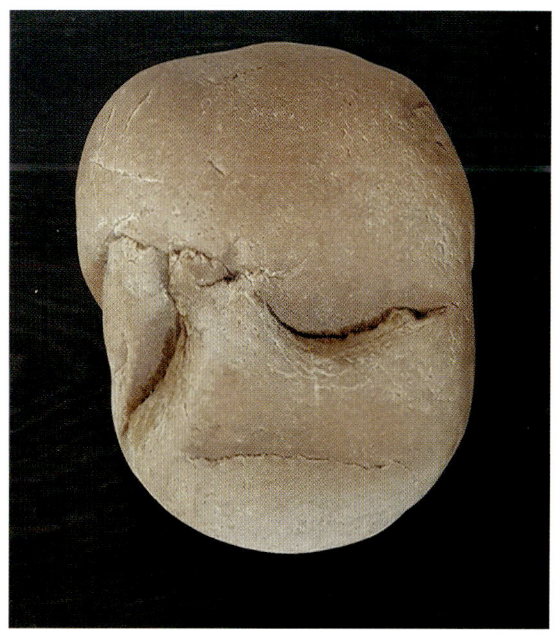

産地 : 임진강 / 19. 20. 9

人生無常 (인생무상)

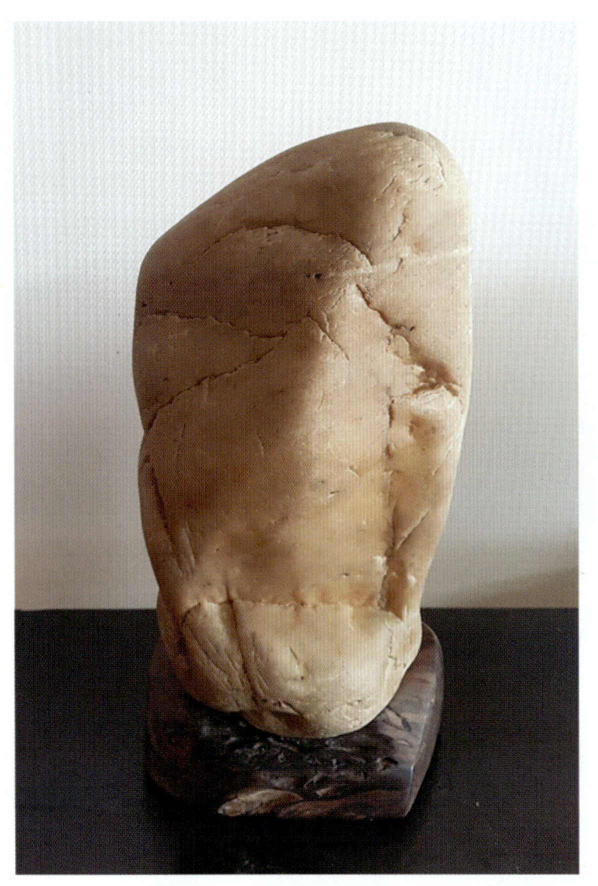

한 손에 막대 잡고 또 한 손에 가시 쥐고
늙는 길 가시로 막고 오는 백발 막대로 치려더니
백발이 제 먼저 알고 지름길로 오더라.

★ 우탁의 고시조 嘆老歌(탄로가)가 생각나는 모습이다. ★

産地 : 임진강 / 13. 31. 12

産地 : 임진강 / 28. 17. 9

醉月潭(취월담)

점점 편안한 것이 좋다.
점점 조용한 것이 좋다.

돌도 높은 것보다 낮게 누운 것이 좋고
변화가 많은 것보다 단순한 것에 더 마음이 간다.

호수를 바라보면 늘 마음이 편안해지는 것은
어머니의 태반 속 그 모체에 대한 그리움 때문일까.

產地 : 남한강 / 18. 7. 11

은 하 계

정지가 아닌 움직임.
역동적인 힘이 느껴지는 문양석이다.

産地 : 소양강 / 22. 24. 17

異邦人 (이방인)

어느 이방인의 머리치장인가.
눈을 감고 우수에 잠긴 모습에서
삶의 고단함이 느껴진다.

產地 : 소양강 / 10. 16. 6

秋聲臺 (추성대)

가을밤 臺의 정적 들꽃 향기에 달빛 젖는다.
잎이 지는 소리에 나는 옛 仙客으로 돌아가고
차가운 달빛 아래 긴 石壁의 그림자만 남는다.

産地 : 남한강 / 43. 15. 12

颱風의 눈

産地 : 필리핀 / 18. 7. 11

첨지탈

決意

사람의 얼굴을 보는 듯 각각의 감정이 스며있다.

産地 : 임진강 / 16. 27. 8

産地 : 임진강 / 16. 22. 8

平野 (평야)

드넓은 들판을 감싸 듯 두르고 있는 수직설벽.
멀리로 이어진 완만한 능선이 마치 실경 같다.

産地 : 소양강 / 27. 8. 15

海潮音(해조음)

파도는 파도 따라 뭍으로 뭍으로 가는데
아득한 저 물결 헤치며 홀로 바위는 돌아가지 못한다.
밤마다 흰 파도 몰려와 함께 가자고 몸부림쳐도
여기 流刑의 바위는 끝내 발이 묶여 뭍으로 돌아가지 못한다.

産地 : 남한강 / 26. 8. 12

고흐 자화상

거친 머릿결
더부룩한 수염
언뜻 떠오르는 고흐의 자화상.

産地 : 소양강 / 28. 30. 15

孤島 (고도)

세월 없이 놓여있는 무인도
외로운 섬에는 봄볕이 완연하네.

産地 : 임진강 / 18. 14. 6

傷心 (상심)

시름에 잠긴 얼굴에서 느껴지는 고단함
침묵 속에 드리운 돌의 내면이 고스란히 느껴진다.

産地 : 임진강 / 22. 26. 8

産地 : 임진강 / 15. 16. 6

獨白 (독백)

白叟岩 (백수암)

돌이 혼잣말을 하고 있다.
듣는 이 없어도 가슴속 응어리를
풀어내고 나면 마음이 후련해지겠지.

産地 : 남한강 / 10. 13. 5

産地 : 임진강 / 18. 24. 14

風竹 (풍죽)

대숲에 바람이 분다.
세찬 흔들림에도 꺾이지 않는 유연함
자연의 순리에 몸을 맡긴 가벼움의 충만.

産地 : 소양강 / 11. 13. 5

降神臺(강신대)

신은 하늘과 땅 사이
인간이 범접하지 못할 곳에 터를 잡았다

행여 신의 모습 볼 수 있을까
밤마다 숨죽여 바라보지만

강신대 스치는 바람결만 이명으로 맴돈다.

産地 : 남한강 / 22. 14. 11

中世人 (중세인)

가발로 한껏 멋을 낸
고전영화 속의 중세 유럽인

產地 : 임진강 / 22. 33. 12

險山幽谷 (험산유곡)

험준한 바위산
어둠같이 깊은 계곡
역동성이 느껴지는 한 폭의 동양화.

産地 : 소양강 / 30. 20. 11

金城山(금성산)

어릴 적 걸어서 읍에 있는 학교에 다녔다.
집으로 오는 길 친구들과 지름길인 금성산 고갯마루를
넘기도 했는데 어둑한 폐광 굴에 고인 검푸른 물이
오싹 두려움을 안겨주던 그 산을 닮아 아련한 향수에 젖게 한다.

産地 : 남한강 / 18. 9. 6

아 우 성

입을 크게 벌리고 노래를 하는 걸까.
짝을 부르는 구애의 모습인가.

産地 : 임진강 / 18. 11. 8

晝夜 (주야)

낮과 밤
밝음과 어둠
경이로운 자연의 신비.

產地 : 소양강 / 20. 12. 10

混沌 (혼돈)

새들의 현란한 춤사위인가.
벌들의 경계심어린 몸짓인가.

産地 : 소양강 / 24. 27. 9

愛石 (애석)

이런 끌림 있을까.
바라봄만으로도 마음이 젖는
그 깊고 깊은 침묵
어떤 말보다 더 큰 울림으로
마음 밭 가꿔준 우리 교감

이런 사랑 있을까.
잠시도 곁을 내어주지 않은
눈 맞춤 어루만짐
한 결 같이 지펴온 열정
권태기도 없는 우리 사랑

이런 인연 있을까.
살아가는 일 더러 힘겨워도
위로가 되는 존재의 사유
허허로운 황혼 길도
외롭지 않은 우리 동행

春 畫 (춘화)

돌 속에 감성의 끌림으로 상상의 나래를 펴게 하는
추상화가 그려 있다.

産地 : 중국 / 30. 20. 10

토끼 가족

어릴 적 모깃불이 타고 있는 마당 평상에 누워
둥근달 속에서 방아를 찧고 있는 너를 보았지.

하얀 털 순한 눈망울의 네가 아버지 품에 안겨 와
동무가 되어준 것은 장날이었지.

産地 : 남한강 / 23. 14. 13

陶器 (도기)

자연형태의 돌에서 느껴지는 질박함이 불가마에서 건져낸
陶器(도기)를 보는 듯 은근한 정감이 간다.

産地 : 임진강 / 29. 21. 9

돌밭에서 · 3

황량한 돌밭에서
무얼 그리 골똘히 찾고 있나요.

무심히 흐르는 청량한 물소리
갈대숲 흔드는 바람소리 들으며

긴 세월 나와 만남을 기다려 온
인연 돌 찾고 있지요.

★ 어쩌다 돌을 사랑하는 女人이 되었을까. ★

꿈

구절초가 물결처럼 흔들리는 가을날 정선 동강에서
인연이 닿은 문양석으로 보는 순간 '꿈'이라는 석명이 떠올랐다.

產地 : 동강 / 30. 20. 13

龍(용)

産地 : 소양강 / 10. 13. 6

苦惱 (고뇌)

깊은 생각에 잠겨 있다.
인생을 고통의 바다라 했던가.

産地 : 임진강 / 25. 18. 16

決氣 (결기)

군사를 지휘 호령하던 수장같이
다부지고 결기에 차있다.

産地 : 임진강 / 22. 30. 9

신선바위

천상을 향해 우뚝 서 있는 바위
선계에 든 신선인가.

産地 : 소양강 / 9. 14. 4

浦有岩(포유암)

밀물에 하얀 포말 밀려와
몸을 풀고 가는 바닷가 석굴

産地 : 남한강 / 20. 12. 14

그대 그리고 나

男과 女가 한 공간에 들어 있다.
부부일까. 연인일까.

産地 : 소양강 /12. 15. 5

深山幽谷 (심산유곡)

소슬바람 이는 늦가을
무성하던 잎 떨군 나목들
서둘러 동면에 드는데,
골짜기 드리운 구름만이 한가롭다.

產地 : 소양강 / 40. 30. 15

마 노(사막 돌)

產地 : 중국 신장

秋山疊景 (추산첩경)

늦가을
첫눈이라도 내렸는가.
온 산이 하얗다.

産地 : 소양강 / 37. 25. 15

石壁 (석벽)

파란 하늘 손끝에 닿을 듯 가까운
저 석벽의 높은 臺에 올라 아득한 거리 만날 수 없어
그리운 마음 바람에 실어 그대에게 보내고 싶다.

産地 : 남한강 / 10. 13. 5

行星 (행성)

태양의 둘레를 돌고 있는 행성인가.
역동성이 느껴지는 문양석이다.

産地 : 소양강 / 25. 17. 10

遠山春境 (원산춘경)

아지랑이 피는 봄날
초원이 생기로 가득하다.

産地 : 소청도 / 12. 25. 12

망초꽃밭

임진강 너른 들판에
질펀하게 피어있던 망초꽃밭.

産地 : 임진강 / 25. 35. 10

女人(여인)

챙 넓은 모자를 쓴 여인의 모습이 고혹적이다.

産地 : 남한강 / 7. 17. 6

촛대바위

촛대바위 고요한 臺에 올라 있으면
절로 마음이 맑아질 것 같다.

産地 : 남한강 / 8. 15. 5

菊花 (국화)

돌 몸에 양각으로 피어
향기보다 진한 경이로
눈길 사로잡는
영원히 시들지 않는 꽃이여!

産地 : 한국 / 12. 17. 8

産地 : 청송 / 12. 16. 3

과 녁

産地 : 임진강 / 18. 30. 13

遭遇 (조우)

서로 마주보고 있는 모습이 정겹다.

産地 : 소양강 /17. 18. 5

織造 (직조)

선과 선의 조화
자연이 그려 놓은 조형예술

產地 : 중국 / 21. 25. 5

엄 마

엄마의 포근한 포대기 속에서
잠이 든 아기의 모습이
박수근 화백의 그림과 겹쳐진다.

産地 : 소양강 / 12. 18. 4

쥬라기 공원

중생대에 살았던 파충류들이
연상되는 문양석이다.

産地 : 영춘 / 28. 20. 5

어릿광대

우스꽝스런 옷을 입고 춤추고 노래하는
나는 어릿광대입니다.

産地 : 소양강 / 16. 13. 5

律動(율동)

하늘 향한 곧은 氣像
불끈 솟는 힘
누가 저 묵직한 침묵 속에 흐르는
돌의 고독을 아는가.
누가 구르고 부딪치고 깨어진
생성의 기원
母體를 향한 돌의 그리움을 아는가.

産地 : 인도네시아 / 40. 50. 20

浮彫像 (부조상)

자연의 조각도로 돌에 양각으로 얼굴을 새겨 놓았다.
자연의 위대함은 어떤 언어로도 표현할 수가 없다.

産地 : 임진강 / 20. 19. 8

産地 : 임진강 / 22. 25. 8

翠雲岩(취운암)

돌은 알고 있다.
바람이 전하는 말
파도가 부르는 노래

돌은 알고 있다.
내가 보내는 눈빛
내가 느끼는 정감

돌과 나 말은 없어도
우린 서로를 알고 있다.

産地 : 인도네시아 / 21. 16. 14

同行 (동행)

삶의 길
씨줄과 날줄 같은 인연으로 얽혀
가슴에 해를 품듯
쏟아온 열정의 나날

깨어지고 부서지며
억겁 세월이 다듬어낸
온갖 형상의 돌들
내 안 무시로 헤집으며
스멀스멀 밀려오는 허한 상념

깊디깊은 침묵으로 흘려주던 선문답
마음 깃 여미어온
긴 정한(靜閑)의 동행

* 겨울 소양강 돌밭에서 *

石緣(석연)

두 줄기 강물에 둘린 돌밭이 나를 부른다.
걸어서는 갈 수 없는 곳 흔들리는 고무보트에 몸을 실었다.

구명의도 입지 않은 채
두 팔이 젓는 노에만 의지한 물길
태산 같은 두려움이 몰려온다.

돌과 생명을 어찌 바꾸랴
그래도 지척인 듯 가고 싶은 그곳 하늘 바라며 강을 건넌다.

파랑을 일으키는 시린 강바람 살갗 훑고 지나는 돌밭
봄볕 설핏 기울던 해거름에
깊게 패인 상처 세월 흔적 쌓인 만고풍상 인연 돌 만났다

억겁의 기다림
이젠 만나야 한다며 마음을 잡아당긴
그게 바로 너였구나. 그게 바로 너였구나.

産地 : 남한강 / 15. 10. 7

楓嶽山 (풍악산)

만산홍엽의 불꽃이
어둠 내린 바위산을 훤히 밝힌다.

産地 : 소양강 / 25. 24. 8

黃山奇巖(황산기암)

황금빛 산에 양각으로 그려놓은
바위절벽을 실내에서 마음의 눈으로 오르는
애석생활의 이 즐거움이여!

產地 : 소양강 / 30. 20. 13

疊疊斷崖 (첩첩단애)

자연이 만들어 놓은 계단식 다랑이.

產地 : 남한강 / 30. 7. 15

傷 痕(상흔)

그대 아는가.
살점 떨어져 나간 자리
점점이 박힌 별리의 아픔을.

産地 : 두만강 / 15. 14. 7

亂舞 (난무)

함박 눈송이인가
꽃구름의 현란한 유희인가.

產地 : 소양강 / 35. 33. 10

영구 없다

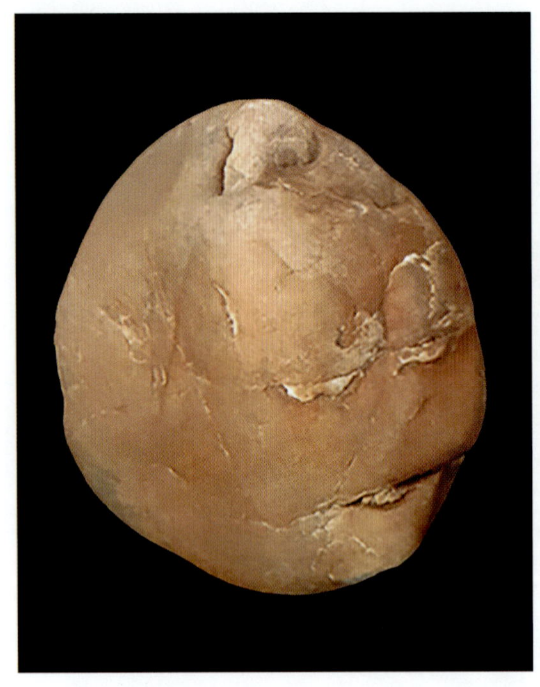

풀어진 눈 드러난 이빨
능청스러운 표정이
절로 미소를 짓게 한다.

産地 : 임진강 / 21. 22. 7

허허 萬笑

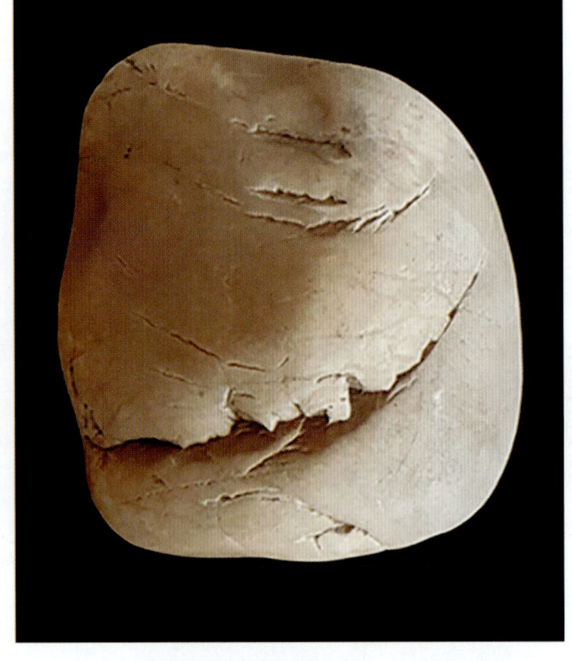

돌이 웃는다.
노인의 해학적인 미소에
삶의 애환이 서려있다.

産地 : 임진강 / 20. 19. 10

喜劇人

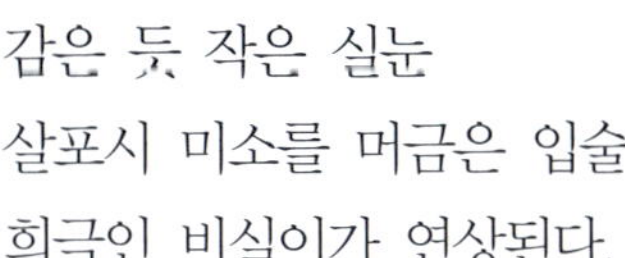

감은 듯 작은 실눈
살포시 미소를 머금은 입술
희극인 비실이가 연상된다.

産地 : 임진강 / 17. 21. 9

樂天人

걱정한다고 해결될 일이던가.
호방하고 낙천적인 미소에
긍정의 에너지가 물씬 느껴진다.

産地 : 임진강 / 23. 24. 6

浮影湖 (부영호)

백두산천지를 상상으로 그리다가
천지 닮은 부영호를 만났다.

명경 같은 호수에 비치는 산그림자
물 위에 뜬 흰 구름

넓은 호수에 달그림자 어리는 밤이면
나는 이태백도 부럽지 않다.

產地 : 지리산 / 34. 7. 29

石山 (바위산)

풀 한 포기 나지 않는 바위산
누년(累年) 적신으로 부대낀 상처의 흔적.

産地 : 소양강 / 33. 22. 14

楓嶽島(풍악도)

歲寒의 바다에 皆骨山 한 조각
나뭇잎으로 떠 있고
碧波水 흰 물결 몸으로 받으며
외로운 섬 하나 波聲으로 울고 있다.

産地 : 남한강 / 32. 4. 12

수채화

자연이 그려놓은 한 폭의 아름다운 수채화.

産地 : 소양강 / 26. 8. 7

별이 빛나는 밤

먹빛 어둠을 밝히는 별들의 난만한 자태.

産地 : 소양강 / 33. 20. 12

三炅滿月 (삼경만월)

사방이 칠흑 같이 어두운 밤
창공에 떠있는 달빛 홀로 사위의 어둠을 밝힌다.

産地 : 포천 / 25. 30. 7

望月臺(망월대)

달을 보면 그리운 사람이 생각나는 것은
달도 그도 내게서 너무 멀리 있기 때문인가 봅니다.

달을 보면 솜 같은 외로움이 스며드는 것은
어딘가에서 나처럼 늙어가고 있을 그가 보고 싶기 때문인가 봅니다.

産地 : 남한강 / 17. 4. 8

낙 타 봉

봉과 봉 사이 잘록한 굴곡이 마치 낙타 등같이 생겼다.

産地 : 순창 / 33. 25. 13

鶴(학)

거친 물살에 흔들리는 몸을 두 발로 버텨내며
먹잇감을 찾고 있는 학의 하염없는 기다림.

産地 : 소양강 / 13. 15. 5

石翁(석옹)

고요히 눈을 감고
깊은 생각에 잠긴 石翁의 묵언수행.

産地 : 소양강 / 20. 25. 13

鳥島 (조도)

물안개 자욱한 어스름
포말로 부서지는 파도소리 자장가 삼아
쉼을 얻는 새들의 보금자리.

産地 : 남한강 / 21. 10. 17

무 제

구도와 문양이 아름다운 추상석으로
무엇을 연상하든 감상자의 몫.

産地 : 남한강 / 12. 15. 4

陵波島 (능파도)

바다에 가면 신의 존재를 알게 된다.
때론 두려움으로
때론 모든 것을 수용하는 넓은 가슴으로

밀물에 능파도는 바다가 된다.
철썩철썩 썰물에 파도가 밀려가면

요술쟁이의 품에서 풀려난 능파도는
다시 섬이 된다.

產地 : 남한강 / 25. 4. 11

高斷坪 (고단평)

처마바위 위에 펼쳐진
상하 두 단의 절묘한 대칭.
막힘이 없어서 시원해 보인다.

産地 : 점촌 / 15. 6. 13

潛水島 (잠수도)

海潮音을 들어보았는가.
저녁노을 삼키며 물기둥 스러지는 바다
그 바다에
뭍으로 돌아가지 못한 작은 섬 하나가
가물가물 풍랑 속에 가라앉고 있다.

産地 : 남한강 / 25. 4. 10

化木石 (화목석)

본디 나무였는데 이렇게 돌이 된 그 억겁의
세월 앞에서 바람같이 머물다갈 한생이 찰나 같다.

産地 : 외국 / 23. 17. 13

落月島(낙월도)

한 점 영원한 돌은 그리움만으로 남기자

진정한 사랑은 가슴에 새기듯
세월도 어쩌지 못하는 자리
가슴 저 깊은 곳에다 새기자

落月島는 가슴에 點 찍힌 그리움
한 점 영원한 돌은 그리움만으로 남기자.

産地 : 인도네시아 / 24. 15. 15

가 을 숲

2006년 8월 한수연우회 하계수련회가 열린
영암 송이도에서 탐석한 기념석.

産地 : 송이도 / 14. 22. 6

晴陽山 (청양산)

푸른 안개 자욱한 청양산 자락
기척 하나 일지 않는 고요한 산빛
골 깊은 계곡에는
봄꽃 저 혼자 피었다 지고
가끔 흰 구름 내려와 오래오래 몸을 풀고 간다.

産地 : 인도네시아 / 22. 11. 12

初春 (초춘)

대지가 긴 동면에서 깨어나
새 생명을 피워내는 이른 봄의 정경이다.

産地 : 소양강 / 22. 24. 7

愛撫石 (애무석)

그냥이라는 말이 있다.
꼬집어 어디가 좋다고 말할 수 없지만
그냥 마음이가고 시선이 머무는 그런 돌이다.

産地 : 소양강 / 37. 25. 15

북극여우

먹잇감을 찾아 나선 북극여우의 응시

産地 : 임진강 / 11. 7. 8

마추픽추

이 돌을 보는 순간 세계 7대 불가사의 중 하나인
고대 잉카제국의 요새 도시였던 페루의 마추픽추가 떠올랐다.

產地 : 소양강 / 27. 21. 12

早春殘雪 (조춘잔설)

이른 봄
군데군데 잔설이 남아 있는
실경의 산수화

產地 : 소양강 / 40. 30. 20

飛翔(비상)

창공을 자유롭게 나는
새의 비상처럼
깃털 같은 가벼움으로
훨훨 날고 싶어라.

産地 : 소양강 / 17. 20. 7

産地 : 소양강 / 16. 19. 6

器皿 (기명)

자연이 빚은 꽃단지

産地 : 소양강 / 27. 21. 15

외 계 인

이 돌은
어느 별에서 왔을까.

産地 : 임진강 /18. 24. 5

陽地(양지)와 陰地(음지)

양지와 음지
서로 다른 풍경

產地 : 소양강 / 13. 18. 4

圓(원)

産地 : 임진강 / 28. 25. 6

産地 : 소양강 / 19. 13. 13

石文 (석문)

혈관처럼 세밀하게 연관된 선들이
해독이 난해한 상형문자 같다.

產地 : 임진강 / 30. 4. 15

解脫 (해탈)

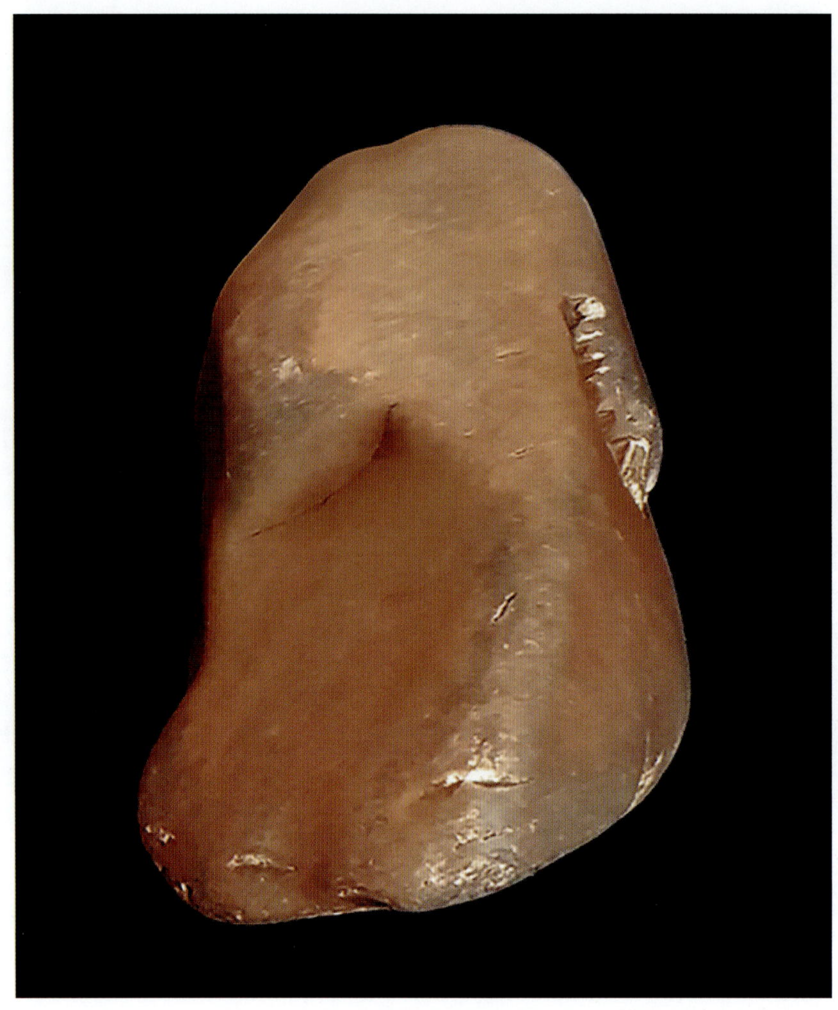

고요한 묵상

產地 : 임진강 / 23. 36. 9

숨은 그림 찾기

무엇이 보이나요?

産地 : 중국 / 35. 30. 12

未完成 (미완성)

그리다만 얼굴

産地 : 남한강 / 10. 25. 11

力動(역동)

불끈 솟는 힘
침묵으로 응고된 역동성

産地 : 남한강 / 25. 18 16

波聲岩 (파성암)

産地 : 인도네시아 / 27. 15. 12

思索 (사색)

내면을 들여다보는 깊은 사색.

産地 : 임진강 / 30. 22. 10

風島 (풍도)

단단한 바위에 자연이 뚫어 놓은 바람길

産地 : 남한강 / 20. 10. 12

賢者山 (현자산)

애석인으로 본받고 싶은
운제 정윤모 고문님이 주신 선물석으로
님의 德性에 어울리는 賢者山으로 石名을 지었다.

産地 : 점촌 / 16. 7. 8

쌍 봉

자연의 오묘한 신비를
어찌 감탄하지 않으랴.

産地 : 소양강 / 30. 32. 15

虎皮石 (호피석)

애석생활 초기 틈만 나면 찾아가던
지금은 사라진 미사리 돌밭이 안겨준 선물

産地 : 미사리 / 15. 20. 8　　　　産地 : 미사리 / 19. 20. 9

安山遠境 (안산원경)

길게 누워있는 山
모든 것을 비워낸 편안한 老境 같다.

産地 : 소양강 / 40. 10. 16

奇巖絶壁(기암절벽)

발치 아래 태산을 거느린
우뚝 솟은 기암절벽의 위용(威容).

천 길 낭떠러지 아득한 협곡은
신선들의 경계(境界)인가.

産地 : 소양강 / 36. 28. 15

天壇秘峰(천단비봉)

아득히 높은 壇과 峰
골마다 서려있는 태고의 신비.

產地 : 남한강 / 13. 8. 10

金剛山全圖(금강산전도)

탐석지에서 이 돌을 만나는 순간 단원(檀園) 김홍도(金弘道)
겸재(謙齋) 정선(鄭敾)이 그린 금강산전도(金剛山全圖)가 떠올랐다.

진경(眞境)이 아닌 이상화(理想化)일지라도 돌 속에 담긴
대자연의 축경미(縮景美)를 보면서 마치 실경을 보고 있는 듯
그 풍경 속으로 빠져들게 되는 것이 수석감상의 즐거움이다.

産地 : 소양강 / 38. 34. 8

一株峰 (일주봉)

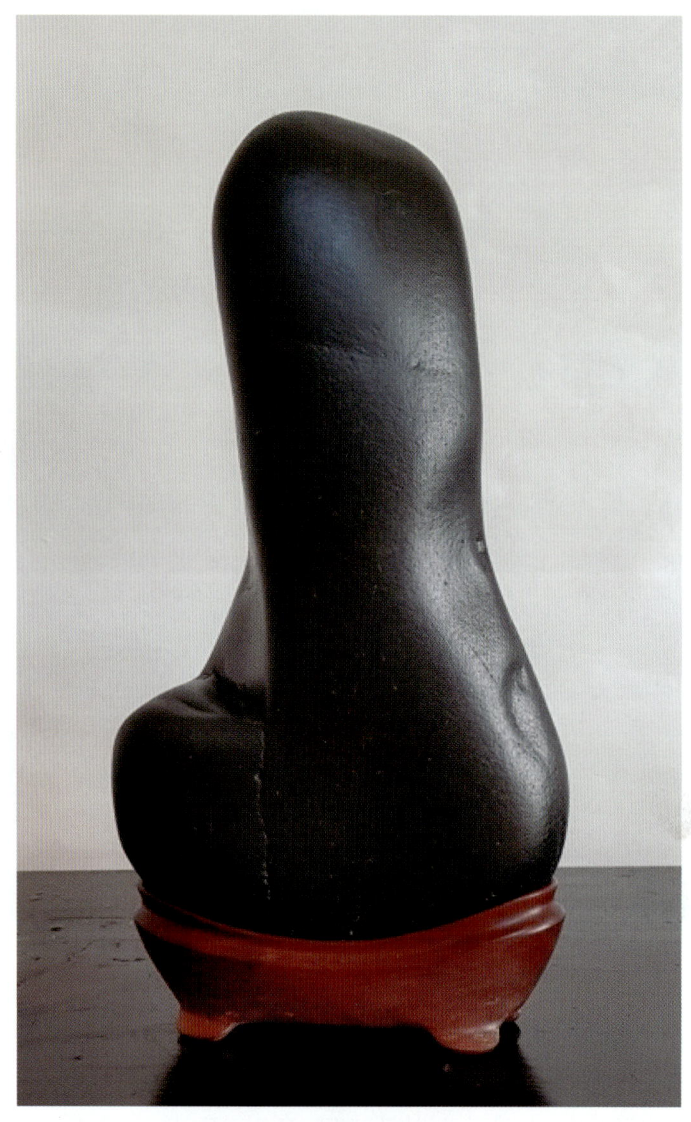

하늘 향해 불끈 치솟은
峰의 기세가 당당하다.

產地 : 두만강 / 13. 23. 5

將軍峰(장군봉)

구름도 쉬어가는 장군봉 산허리
바라보기에도 숨이 차네.

産地 : 소양강 / 30. 18. 8

傷 處(상처)

촘촘히 그어진 상처의 흔적들
고통의 세월이 고스란히 굳어 있다.

産地 : 남한강 / 9. 10. 3

望臺巖 (망대암)

저 아슬 한 망대바위에 올라 바라보는
발아래 풍경은 상상만으로도 서늘하다.

産地 : 소양간 / 30. 20. 10

七寶石 (칠보석)

일곱 가지 색깔이 어우러진 칠보석.

産地 : 정선 / 35. 21. 17

대나무 화석

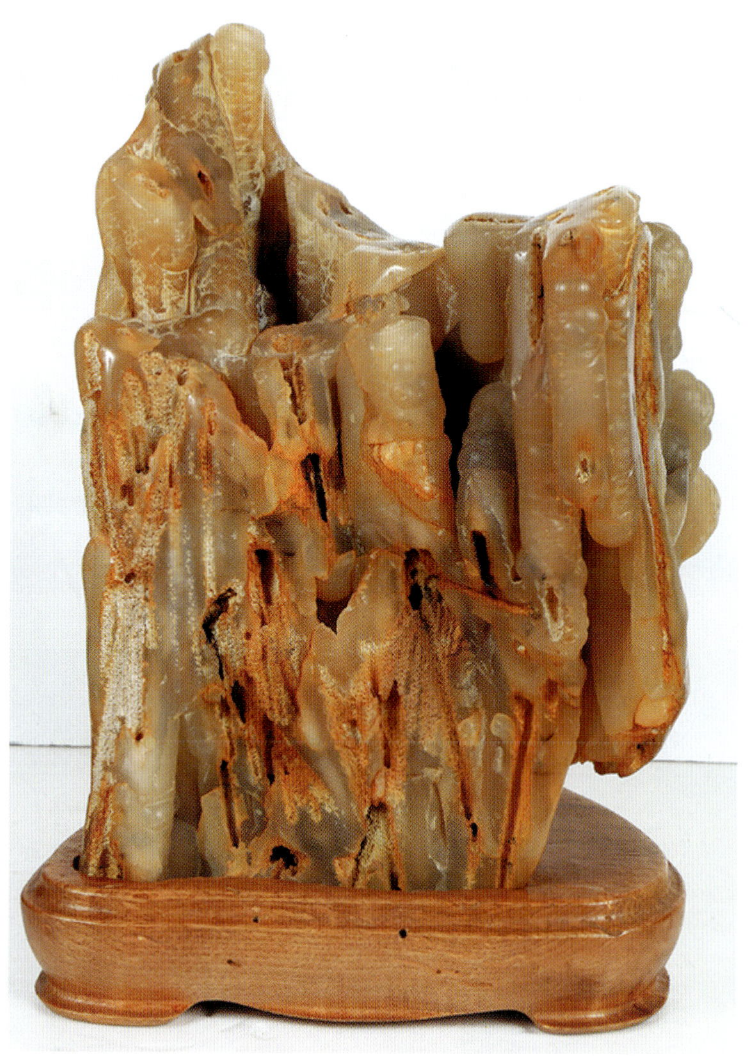

産地 : 중국 / 30. 40. 25

翠雲山房

翠雲山房

아! 소양강 돌밭

* 수많은 발자국을 남긴 내린천 돌밭 *

雲香이 걸어온 애석의 길

어쩌다 돌을 사랑하는 여인이 되었을까.

1982년 봄 우연한 기회에 수석을 접하게 된 이후 43년 넘게 애석의 한길을 걷고 있다.

2005년 8월 26일부터 8월 30일까지 인사동 백악미술관에서 여성으로는 최초로 '구름과 향기' 개인수석전시회를 개최하였고, 전시기념석보 『구름과 香氣』를 발간했다.

또한 전시회개장식 축사자리에서 天山 김일두 석기원원장님께서 많은 축하객의 동의를 받아 내게 한국 여류수석가 1호라는 명예로운 호칭을 부여해 주셨다.

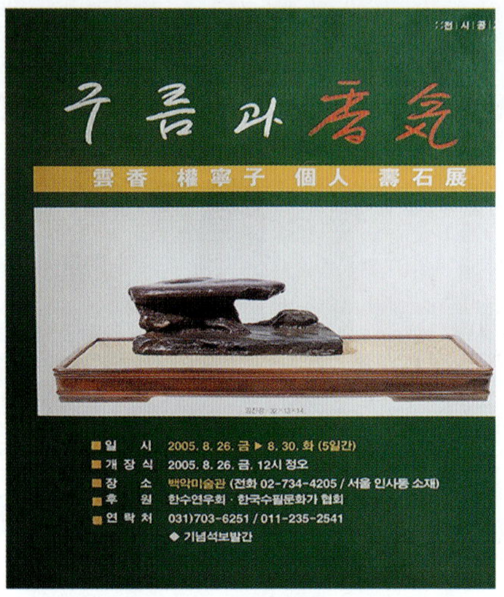

白岳美術館

영원한 누님 개인전
祝 雲齋 權寧子 個人壽石展
美術新聞·月刊書藝 崔光烈
朝重會
祝 展示會

구름과 香氣

雲香 權寧子 個人壽石展

전시기간 : 2005. 8. 26(금) ~ 8. 30(화)

전시장소 : 白岳美術館

종로구 관훈동 192-21 TEL.02-734-4205

초대일시 : 2005. 8. 26(금) 12:00

◆ 기념석보 발간

雲香의 石譜에 드리는 讚

예부터 애석생활을 "石道"라 했다. 이 말 속에는 주먹 안에 든 작은 돌에서 태산준령을 보는 혜안과 지혜가 담겨있다는 말인바 한 덩이 돌을 사랑함에도 품격과 운치가 있어야함은 너무나 당연한 일이다.

雲香의 석실에 놓인 돌들을 보면 왜 돌 완상 취미를 "石道"라 했는지 어렵지 않게 짐작할 수 있다. 방안에 놓인 돌들은 단순한 돌이 아니라 하나하나가 수많은 언어와 사연이 담겨있고 그녀가 살아온 발자취가 그대로 새겨있어 한없이 따뜻한 체온과 정감을 느끼게 한다. 또한 돌들이 놓인 위치도 그냥 제멋대로 놓여있는 것이 아니라 꼭 놓일 자리에 어떤 것은 돌과 돌끼리, 어떤 것은 돌과 고가구와, 어떤 것은 돌과 그림과, 어떤 것은 돌과 시와 그것들이 저마다 조화를 이루며 숨쉬고 있다. 이럴 때 운향의 돌들은 운향 자신의 숨결이며 그녀의 언어가 되기도 한 것이다.

그런 점에서 雲香이 일생을 두고 아끼며 가꾸고 다듬어 낸 이 石譜는 먼 후대까지 남아 雲香의 애석정신을 전해 줄 永生의 숨결이 되리라 믿어 의심치 않는다.

春艸 兪良佚의 글 중에서

봄 날

나는 해방의 기쁨이 온 땅에 충만하던
닭띠 해에 태어났다
시절을 잘 타고 났으니 食福이 있을 것
이라던 아버지 말씀처럼
지금껏 큰 어려움 없이 살아온 것을
늘 감사하게 생각한다

產地 남한강 6.8.2

雨水春情

나의 태를 묻고 부모님이 잠들어 계신 영원한 그리움의 땅 고향
봄날 물살에 어지럼증을 느끼며 우렁이를 잡던 무논은 이제 집들이 들어섰고
흙먼지 날리며 달구지 타고 달리던 신작로는 시멘트 포장이 되었지만
돌을 보고 있노라면 사춘기 감성을 자극하던 자운영 꽃밭이며 옹기종기 원두막들도 옛 모습 그대로 되살아난다.
유년시절을 떠오르게 하는 이 돌은 내 고향을 닮았다.

產地 남한강 32.5.20

歲月

더는 비울 것도 없는 무심의 얼굴
한 생의 고단함 주름으로 새기고
눈 감고 귀 닫고 입마저 다문 채
댓줄기 같이 다부진 숨구멍만 열어놓

產地 중국 22.30.13

雙人岩

하나님은 아담의 갈비뼈를 취하여 하와를 만드셨다. 그래서 부부는 둘이 아니라 하나라 부른다.
지치고 힘겨울 때 서로 기댈 수 있는, 그래서 세상 짐도 나누어 질 수 있는 것이 부부다.

產地 남한강 28.21.10

別有天地

별유천지 옛 주인 (민경덕)은 떠날 것을 예감이라도 했던가.
애지중지 아끼던 돌 내게 양도하고 젊은 나이에 다시는 돌아올 수 없는 먼 길을 갔다.
생전에 얼굴 한번 보지 못했지만, 언제나 이 돌 앞에 앉으면 무수한 눈길 보냈을 옛 주인이 생각난다.

產地 임진강 32.13.14

운향 권영

Kwon, Young

1945년 7월 18일	충남 부여에서 출생
1964년 2월	부여여자고등학교 졸업
1967년 11월	대학재학중 결혼
1982년 4월	수석 취미생활 시작
1995년 12월	수필가로 문단 등단
1999년 3월	연세대학교 생활문
2000년-2001년	한수연우회 부회장
2002년 10월	수필집 '그날을
2005년 8월 26-30일	운향 권영자 개인 수석 (서울 인사동
2005년 8월 26일	'구름 과 香氣'

◆ 현재 한국문인협회, 국제 펜클럽,
한국수필문학가협회 감사
수필문학추천작가회 이사
목요수필동인

◆ 住所 : 경기도 성남시 분당구 서현동
◆ 電話 : 031-705-6251
◆ 핸드폰 : 011-235-2541

한수연의 영원한 누님 개인전

한민족수석회와 함께한 12년의 자취

2013년 3월 20일 발기인모임

2013년 3월 22일 한민족수석회 창립총회에서 회장에 추대되어 연임회장으로 12년의 세월이 흘렀다. 수석문화의 발전을 위해 각자의 자리에서 열정을 사르고 있는 회원들의 한결같은 응원에 힘입어 여기까지 이르렀으니 보람 있는 동행이 아닐 수 없다.

이수성 명예회장님

김중위 고문님

2014년 6월 14일 성남시청 전시실에서 창립1주년 회원전시회를 성황리에 개최하였고 전시기념 석보도 발간함.

2016년 9월 30일 서울 문화의 거리 인사동 백악미술관에서 제2회 회원전시회 개최.

2018년 10월 5일 인사동 백악미술관에서 제3회 문양석전시회 개최

2년 동안 코로나 대면규제로 열리지 못한 제4회 전시회를
2023년 7월 13일부터 5일 동안 인사동 인사아트센터 1층 전시실에서 개최함.

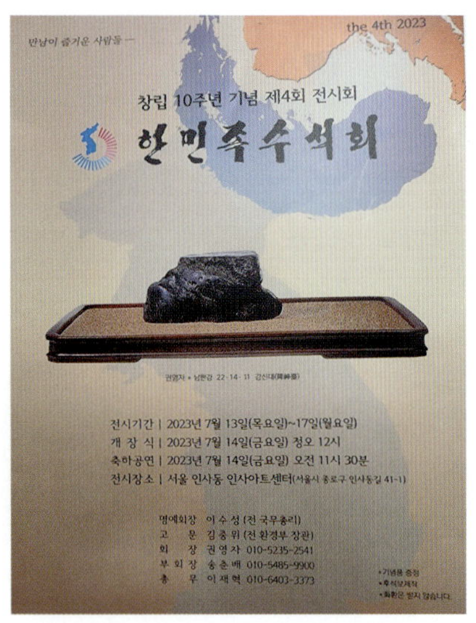

함께 걷는 애석의 길

한국수석연구회란 기치아래 모인 한수연우회에 창립회원이 되어 고문 자리에 오른 지금까지 삼 십 여년이 넘는 세월을 변함없이 이어온 동행이다.
돌 사랑 한 가족이라는 명분에 걸맞게 돈독한 정을 지금도 나누고 있지만, 이런저런 사정으로 함께 할 수 없었던 각별했던 회원들이 떠난 빈자리의 아쉬움은 여전하다.

이런 상실감 때문에 끝까지 자리를 지키겠다는 생각으로 흔들림 없이 예까지 오지 않았나 싶다. 모쪼록 한수연우회가 애석인의 모범을 보이며 한국수석역사에 큰 족적을 남겨가길 바라는 마음이다.

창립준비를 위해 전국에서 모인 수안보 애석인의 밤

추사가 좋아한 꽃 그리고 수석

한수연우회 창립 26주년기념 수석전시회가 과천에 있는 추사박물관 실내전시관과 과지초당(瓜池草堂) 고풍스러운 뜰에서 열리고 있다.

한수연우회는 그동안 전국을 돌며 13회의 수석전시회를 열었고, 『돌사랑 哲學』 애석보 13권을 발간했으며, 수석사료 발굴과 전래석을 복원하는 등. 한국의 애석사에 선명한 자취를 남겨오고 있는 모범적인 수석회이다.

2년 전 경주불국사 무설전과 좌우 회랑에서 열렸던 『천겁의 인연』 전시회 기간 동안에 천여 점의 돌을 일반인에게 나누어 주는 의미 있는 행사를 성황리에 치르기도 했다.

이번 전시회는 돌을 좋아한 수석인으로 널리 알려진, 추사선생의 숨결을 느낄 수 있는 기념관과 과지초당에서 열리게 되어 애석인의 한 사람으로 더없는 보람을 느끼며,

한수연우회 회원들의 마음을 모아 생전에 추사 김정희 선생이 즐겨 그리시던 형태의 괴석 3점을 석대에 올려 과지초당 뜰에 기증하므로 선생의 애석정신을 기린 뜻깊은 전시회로 기록될 것이다.

愛石界를 빛낸 人物

운향(雲香)

권영자(權寧子)

주소 _ 경기도 성남시 분당구 서현동 시범한양A 312-1001
전화 _ 031-703-6251, 011-235-2541

수석회 소속 및 직책 _ 한수연우회 전 부회장
저서 _ 수석문집 「구름과 香氣」, 수필집 「그날을 기다리며」, 「그리움 채운 자리」
수석 개인전 _ 2006年 8月 26-30日 인사동 백악미술관
애석계에 공헌한 일 _ 여성수석인 최초로 愛石人生을 정리한 석보 「구름과 香氣」를 발간하고, 수석개인전을 열어 "女流壽石家 제1號"의 칭호를 부여받음.

열구름 바람 타고 풍겨오는 향기던가
婦容에 띤 자비의 웃음 백제의 미소던가
베푸는 순후한 천품 봄볕인 양 따스해라

부소산 백화정 올라 浩然之氣 길렀었고
落花岩 아린 사연 詩로 읊던 어여쁜 少女
이제는 위풍당당한 隨筆家로 자리하다

<그날을 기다리며> 雲香 수필집 읽어보래
들풀꽃 향기처럼 풋풋함도 맛 볼 게고
섬세한 文章力에서 심금마저 울릴 게다

스물 두해 石歷 쌓은 중견 愛石人으로
石室의 秀石들은 太古를 숨쉬고
탐석해 완석하고 醉石하면서 즐기다

▲ 翠靄山房_수석이 있는 風光

열광적인 탐석으로 추억도 풍성해라
영하 23도 혹한 탐석 급물살에 九死一生
임진강 水中탐석으로 감기 걸려 신고하다

애장석 스물 석 점 열두 폭 병풍에 그려 치고
石譜에 壽石展 열어 愛石史 새로 쓰다
愛石道 묵묵히 걷는 참 愛石人 雲香이여

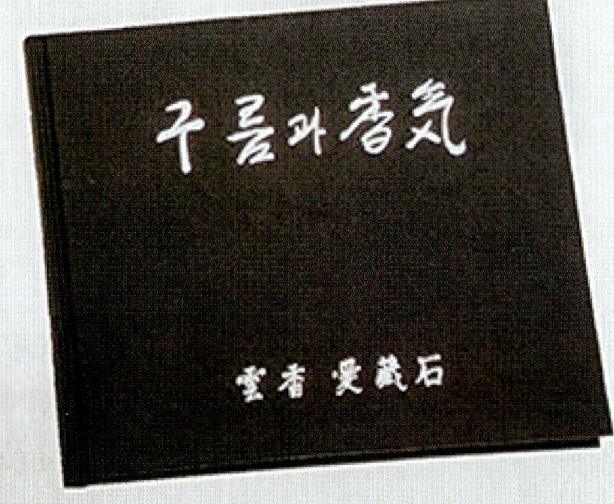

▲ 雲香의 愛石譜
2005년 8월 26일 발간
면수 : 278면 칼라

정경 뉴스

정경NEWS
THE MONTHLY POLITIC & ECONOMIC NEWS
2013 5
통권 158호

수석 세계 이야기

한국 애석(愛石) 문화 대중화의 선봉장
한민족수석회 권영자 회장

"자연이 빚어낸 수석 예술의 묘미에서 삶의 기쁨 느껴"

우리나라 수석(壽石) 인구가 100만을 넘고 있지만 경기불황 등 사회적 요인으로 인하여 현재 한국 수석계는 오랜 침체기에서 벗어나지 못하고 있다. 이에 침체된 애석(愛石) 문화가 활성화되기를 바라는 마음으로 한민족수석회는 한국 수석계 선두에 설 야심에 찬 열정을 보이고 있다. 창립 멤버는 40여 명 정도에 불과하지만 사회 각계 저명인사들과 연예인들이 참여하고 있어 앞으로의 행보가 주목되고 있다. 가치를 모르는 이들에게 수석은 한낱 돌덩이에 불과하지만 애석인(愛石人)들에게는 취미 그 이상의 가치를 지닌다. 수석은 인간이 상상할 수 없는 자연의 범주에 속하며 그 속에서 예술미와 인생의 희로애락을 찾고 느낀다는 한민족수석회 회원들을 만나보았다.

글 · 전혜선 기자 (ability0215@mjknews.com) 사진제공 · 한민족수석회

한민족수석회 권영자 회장. 수필가인 그녀는 수석 또한 무척이나 사랑하는 애석가이다.

자연의 축소판, 수석의 유래와 가치

수석이란 풍화나 침식 등 자연적인 작용으로 형성된 여러 모양의 작은 돌을 칭하거나, 또는 이렇게 형성된 돌을 수집 및 완상(玩賞)하는 취미활동을 말한다. 조금이라도 인공이 가해진 돌은 수석으로 인정되지 않으니, 수석이란 형언할 수 없는 자연의 아름다움 그 자체라고 말할 수 있다.

본디 옛 선조들이 산수의 전경을 생활 가까이에서 누리기 위해 정원에 가산(돌을 쌓아 만들어 정원 등에 관상용으로 두는 가짜 산)을 조성했는데, 가산을 더욱 가까이에 놓고 완상하고자 하다 자연석에서 자연의 오묘한 아름다움을 발견한 데서 수석 문화가 유래했다.

돌의 형상과 유래에 따라 여러 종류로 나뉘는데, 산수경석(산, 계곡, 폭포 등 자연의 풍경이 축소되어 있는 돌), 물형석(사람, 동물 등 어떤 형체를 닮거나 상상할 수 있는 돌), 무늬석(돌의 표면에 여러 문양이 형상되어 있는 돌), 색채석(빛깔이 화려하고 아름다운 돌), 추상석(특정한 모양을 닮고 있지는 않지만 심상(心象)을 자극하는 여러 추상적

『구름과 향기』 전을 보고

<구름과 향기>전을 보고

편고재 주인 첨부 Dsc01706a.jpg(20325 k) 작성일 2005.08.29

요즘은 수석계도 고미술계 못지않은 불황이라고 한다. 그래서 그런지 그 흔하던
수석 전시회 또한 보기가 힘들어진지 오래다. 그런 점에서 본다면 근래 인사동 백
악미술관에서 열리고 있는 <구름과 향기>전은 매우 반가운 것이 아닐 수 없었다.
그런데 이 <구름과 향기>전은 반갑기도 했지만 몇 가지 점에서 여타의 수석전과는
다른 점이 눈길을 끌었다.

우선은 양이었다. 아래 위층 전시
관을 모두 차지한 수석들은 그 양
이 대단했는데 그 것이 여러 사람
의 것을 모은 종합전이 아니라 개
인 소장품이라는 점에서 더욱 놀
라움을 금할 수 없었다. 그러나
따지고 보면 수석에 있어 양이라
는 것은 그리 중요한 것이 아닐지
도 모른다. 얼마나 좋은 돌들이
뒷받침되고 있느냐가 관건이기 때문이다. 그러나 <구름과 향기>전에 나온 돌들은
그 양 못지않게 한 점 한 점이 특색과 개성미를 지니고 있었다. 그러나 더욱 놀라
운 것은 그 것을 모은 사람이 여성이라는 점이었다.
수석 취미는 사실 여성이 즐기기에는 부담스러운 점이 한두 가지가 아니다. 우선
탐석부터가 중노동을 요하는 일이다. 가정을 돌보다 보면 시간을 내는 일 또한 쉽
지가 않다. 돌의 무게가 있다보니 이리저리 옮기고 관리하는 일은 또 얼마나 어려
운가. 그런 여러 가지 핸디캡을 극복하고 회갑을 맞은 기념으로 <구름과 향기>전
을 연 운향 권영자 여사라는 분의 마음이 내게는 수석보다도 더 빛나 보일 뿐이었
다.
수석은 그 자체로 아름다워야 하지만 연출을 어떻게 하느냐에 따라 그 돌이 더 빛
나기도 하고 그 맛이 반감되기도 한다. 그런데 <구름과 향기>전에 나온 수석들은
좌대며 수반이며 지판 등 모두 섬세한 손길에 의해 아름다움과 품위를 더하고 있
었다. 거기에 곁들인 야생의 작은 초물들은 또 얼마나 정감 넘치는 분위기를 보태
고 있었던가. 여성이 아니고서는 미칠 수 없는 섬세함, <구름과 향기>전은 바로
그런 자연과 섬세한 손길이 어우러져 빚어낸 숨 막히도록 아름다운 공간이었다.
필자는 운향 권영자 여사와는 평소 일면식도 없는 사이다. 운향이라는 호에서 제
목을 딴 듯한 <구름과 향기>전을 보러 갔다가 지인의 소개로 목례만 나누고 석보
를 얻어 왔을 뿐이다. 석보 또한 전시회와 마찬가지로 많은 정성이 느껴졌는데 돌
마다 제목을 달고 설명을 붙인 것이 보통 솜씨가 아니었다. 그 것은 아마도 운향
권영자 여사가 <그 날을 기다리며>라는 수필집도 낸 바 있는 기성의 문인이라는
사실과 무관치 않을 것이다. 하긴 <구름과 향기>전을 열 정도의 안목은 어느 날
갑자기 얻어지는 것이 아니라 마음속에 고여 있는 아름다움에 대한 오랜 열정과
사랑 없이는 불가능한 일이고 보면 그의 삶 또한 짐작되는 바가 없지 않다.
요즘은 강돌이 귀해져 수석 전문지조차 둥글둥글한 바다 돌들이 지면을 온통 차지
해 버리는 무미건조한 세상이 되어 버렸다. 그런 가운데 열린 <구름과 향기>전은
정말 오래 간 만에 수석다운 수석들 앞에서 좋은 전시는 마음을 풍요롭게 하고 눈
을 즐겁게 한다는 사실을 다시 한 번 확인할 수 있었던 귀중한 시간이었다. 아쉬
운 것은 운향 권영자 여사의 오랜 석력과 교우 관계를 말해주는 것이기는 하겠지
만 찾아간 날은 마치 잔치라도 연 듯이 수석계 유명 인사들로 붐비고 있어 감상의
본령인 조용함과는 다소 거리가 멀어 보였다는 점일 것이다. 그러나 그 것은 내
욕심일 뿐 어찌 흠이 될 수 있으랴.
전시회와 석보를 통해 안복을 누리게 해준 운향 권영자 여사에게 이 자리를 빌려
감사의 인사를 드리며, 지면으로나마 여사의 애장석(별유천지, 임진강, 32, 13,
14) 한 점을 소개해 본다.

愛石風流(애석풍류)

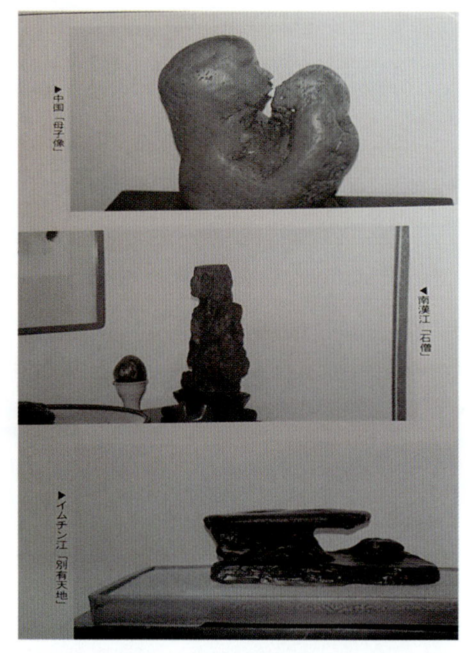

左로부터 : 野田輝美. 鄭佑賢. 雲香. 日本愛石人.

権寧子女史宅を訪ねる

迎えに来てくれた沈戴石氏の車に便乗し權女史宅に向った。約束した時間より三十分程早く着いてしまったので、彼女の住居の近くにある公園で時間がくる迄待つことになった。

暇があるので写真をとったり樹蔭で涼みながら鳩や、カササギが芝生の上を歩きながら草の実を啄むのをほほえみながら眺めていた。時間がきたので彼女の住むアパートに向った四名、玄関を入ると展示館のように整頓されて名石、佳石のオンパレードである。紋様石もあったが山水景情石が主に集められている。女性でありながら豪壮な石あり、大物も多く、然も多様なジャンルの石を集めているのは驚きである。

— 55 —

★ 일본잡지에 실린 기사와 방문기념으로 정성스럽게 포장해 들고 온 野田先生의 선물석 ★

일본의 애석인 野田輝美 선생이 일행과 함께 한국에서 열리는 한국수석회전국회원전시회에 왔다가 한국의 애석인 석실을 구경하고 싶다는 간청을 해와 故 정우현 전 한국수석회 이사장님이 동행하여 나의 석실구경을 시켜드렸다.

그 뒤 野田輝美 선생으로부터 일본 『樹石』 잡지에 실린 기사를 보내왔고, 나도 감사의 마음을 담은 답신을 보내드렸다.

野田輝美 先生

安寧하세요.

보내주신『樹石』誌 잘 받아 보았습니다.

日本의 元老 愛石人이신 先生께서 韓國訪問 중에 저의 石室을 찾아주셔서 榮光으로 생각하고 있었는데, 이렇게 저의 愛藏石과 寫眞이 실린 冊을 받게 되어 감사한 마음을 禁할 수가 없습니다.

또한 日本의 아름다운 樹石들을 鑑賞할 수 있는 機會를 주셔서 더욱 고마운 마음입니다.

愛石生活의 自取를 記錄으로 남겨 가시는 先生의 熱情에 깊은 尊敬心을 전합니다.

自然을 사랑하는 마음은 國境도 超越하여 交感할 수 있기에 幸福합니다.

餘生도 康健하시고 늘 幸福하세요.

2007. 4. 25

雲香 權寧子 올림

天山 金一斗 원장님

★ 애석계와 문단의 대선배이신 故 천산 김일두 원장님은
아버지 같은 자상함으로 각별하게 보살펴 주셨고,
2005년 인사동 백악미술관에서 열린 나의 개인수석전시회
축사 자리에서 많은 축하객들의 동의를 받아
내게 한국 여류수석가 1호라는 명예로운 칭호(稱號)를 내려주신 분이다. ★

追慕詩

천산(天山) 김일두 원장님을 추모하며

운향 권영자

님께서 영면하셨다는 비보를 접하고
가슴가득 애석한 마음이었습니다
때마다 안부를 물어 오시던
어질고 자상한 인품
본받고 따르고 싶은
님은 제 삶에 표상 같은 분이셨습니다

강한 의지와 곧은 심성으로
걸어오신 법조인의 길
정의구현 앞장선 인권변호사로
선명하게 남기신 수많은 업적
애석가로 수필가로 촌음도 아끼신
존경받아 마땅한 구십 평생
님은 참으로 값진 생을 살아 오셨습니다

만물 그 품에 어우른 천산(天山)
님의 아호(雅號)처럼
당당하고 드높던 기상
우러러 귀감이 될 한생의 마감이
남은 자들에겐 못내 아쉬운 상실이라
고별의 눈물 같은 비가 저리 내리는가봅니다

님은 홀연 가시고 없어도
그 자취 남아 빛나리니
쉼 없던 여정의 고단함 곱게 접으시고
아름다운 천상에서 길이 안식을 누리소서

野松 이원좌 화백

★ 서울정도 600년 기념 예술의 전당 전시회 화집 표지화 소장품 ★

野松 선생 영전에

雲香 권영자

우리 강산의 물빛과 산빛을 닮은 산수화가라는 말을 들어온 野松 이원좌 화백의 갑작스런 부음(訃音) 소식을 들었다.

거처를 서울에서 청송으로 옮긴 뒤 자주 뵙지 못하다가 일 년 전 해인사에서 열린 수석전시회에서 반갑게 인사를 드렸는데, 그것이 마지막 만남이 될 줄이야.
다시는 뵐 수 없다는 허망함에 새삼 애석한 마음을 금할 수가 없다.

야송 선생은 한 작품을 걸기 위해 별도의 전시관을 마련할 정도로 동양에서 가장 큰 50여 미터가 넘는 대작 청량대운도를 그렸는가 하면, 삶의 본질을 꿰뚫은 일출사환생(日出死還生)의 정신으로 내면에 용솟음치는 예술 혼을 뜨겁게 사르며, 삶의 선명한 족적을 남긴 분이다. 그의 발길이 닿지 않은 곳이 없을 정도로, 천여 점이 넘는 우리의 산천을 화폭에 담아낸 화가이고, 세밀 수석화를 그린 애석인으로, 선생만큼 인생을 적극적으로 사신분도 아마 흔치 않을 것이다.

오랜 세월 한수연우회에서 함께 활동하며 친분을 쌓아온 인연으로 나는 선생의 예술세계를 가까이서 접할 수 있었고, 대자연의 숨결을 느낄 수 있는 진경산수화며, 선생이 만든 도자기 다수를 소장하고 있을 만큼, 그의 호연지기 거침없는 예술혼이 배여 있는 작품들에 줄곧 관심과 애정을 보내고 있다.

1994년 예술의전당 한가람미술관에서 열린 서울정도 600주년기념 한국화. 도자기 야송화전을 준비하던 이천의 설봉도예에서 나의 소장석 36점을 그린 청화진사백자죽절필통이(57.5×83㎝) 만들어졌고, 아끼는 애장석 23점을 선별해 돌 그림을 그리고, 시인들의 시와 서예가가 글씨를 쓴 12폭 壽石詩書畵屛風이 만들어져 이 시대의 애석풍류가 후대에 길이 전해질 귀중한 자료로 남게 되었다.

철저한 예술가의 집념과 소명의식으로 손목이 저리고 허리가 아프도록 오직 그림 그리기에만 전념해온 선생을 만날 수 있어 가능했던 일이다.

잊혀진다는 것은 서글픈 일이다. 그러나 우리 모두가 가야할 숙명의 길이 아닌가. 난만하던 꽃들이 진 자리 하루가 다르게 초록이 무성해지는 순환의 계절에, 홀연히 우리 곁을 떠나신 수묵산수화의 대가 野松 李元佐 선생님!

한생의 아름다운 갈무리가 이루어진 군립청송야송미술관 뜰 수목장 소나무 아래서, 쉼 없이 달려온 화업(畵業)의 고단한 여정 곱게 접으시고 길이 안식을 누리소서.

2019. 4.

집념의 결실

雲香 권영자

숙명처럼 다가와 지펴준 열정
용광로 같은 돌 사랑 외길
꿈을 향한 오랜 집념의 결실
여기 드넓은 터전 위에 우뚝 세워지다

억겁을 살아낸 돌들이
흘려주는 태초의 신비
자연의 오묘한 섭리가
무언의 말씀이 되어
좌정한 영혼의 쉼터

삶의 특별한 궤적
짧은 인생길에 이보다 더한
장생의 축복이 있으랴
일심부부의 지고한 동행이여!
뭇 발길 이어질 청솔수석박물관이여!

★ 청솔수석박물관 개관식 祝 詩 ★

청솔수석박물관 개관을 축하하며

5월 5일에 열린 김천 청솔수석박물관 개관식에 다녀왔다.
애석인으로 자신의 오랜 삶인 수석박물관을 개관한 박황식관상님 부부의
지칠 줄 모르는 집념과 열정이 이뤄낸 놀라운 결실이다.

사람이 한생을 살면서 또렷한 족적을 남기는 일이 어디 쉬운 일이던가.
자신의 삶을 오롯이 던지지 않고서야 결코 이룰 수 없는 선명한 자취라서 무한
부러움과 존경의 마음을 금할 수가 없었다.

현대인들의 메마른 정서를 순화시켜주는 영혼의 쉼터이자,
애석인들의 자긍심을 높여주는 문화공간으로 길이 남아가리라 확신하며,
수석박물관을 개관하기까지 한마음이 되어 쉼 없이 달려온 부부의 아름다운
동행에 다시 한 번 경의의 마음을 보낸다.

2018. 5

雲香書刻(운향서각)

구름문양이 들어 있는 돌을 상단에 배치하고
느티나무 고목정면에 雲香인 나의 아호를
전서체로 형상화한 서각작품으로
서각가이며 애석인이신 일산 김유진 선생님이
손수 탐석한 문양석으로 작품을 만들어 보내주신 귀한 선물이다.

2018. 가을

時節因緣(시절인연)

개관을 앞두고 있는 평창수석박물관에서
나의 소장석 기증의사를 물어 왔다.
긴 세월 눈 맞춤하며 교감을 나누던 돌들이긴 하지만,
애석인으로 이보다 의미 있고 보람 있는 일도 없을 것이다.

박물관은 다양한 사람들이 관람을 하는 곳이므로
수석을 모르는 사람도 쉽게 공감할 수 있는
물형석(物形石)과 애석인들의 눈높이에 맞춘
산수경석(山水景石)을 기증하기로 했다.

채우기보다 비우기가 어렵다지만,
영원할 수 없는 한정된 삶의 길에
작은 몸짓 같은
내 것이라는 이름표를 떼어낸다.

2020. 5

점촌 돌밭에서

애석생활을 하면서 가장 존경하는 분이 한국수석회 운제 정윤모 고문님이시다.
97세인 지금도 탐석의 즐거움을 애석생활의 으뜸으로 여기시는 분이지만,
건강이 전 같지 않은 데다 코로나로 발이 묶여 두문불출하시다가 모처럼 나선 탐석 길에 동행하게 되었다.

고령인데다 요즘은 목 상태가 안 좋아 필담으로 대화를 나누는데 차 안에서 메모지에 이번 탐석이 마지막이 될지도 모른다는 글을 써 내게 보여주신다.
내일을 예측할 수 없는 연세이다 보니 그런 마음이 드신 것 같아 안쓰러운 마음에 코로나규제도 풀렸으니 이제 자주 탐석을 다니자며 위로해드렸다.

젊은 사람들도 장거리 탐석이 어려운데 그 연세에 돌밭을 찾아다니는 유일한 분이시라 훗날까지 수석인들 사이에 회자될 특별한 애석인이시다.

여울져 흐르는 강물에 봄볕이 내리는 점촌 돌밭에서 고문님과 보낸 의미 있는 시간들. 나의 애석의 길에도 선명한 자취를 남긴 하루였다.

2023년 4월 2일

여석동락(與石同樂)

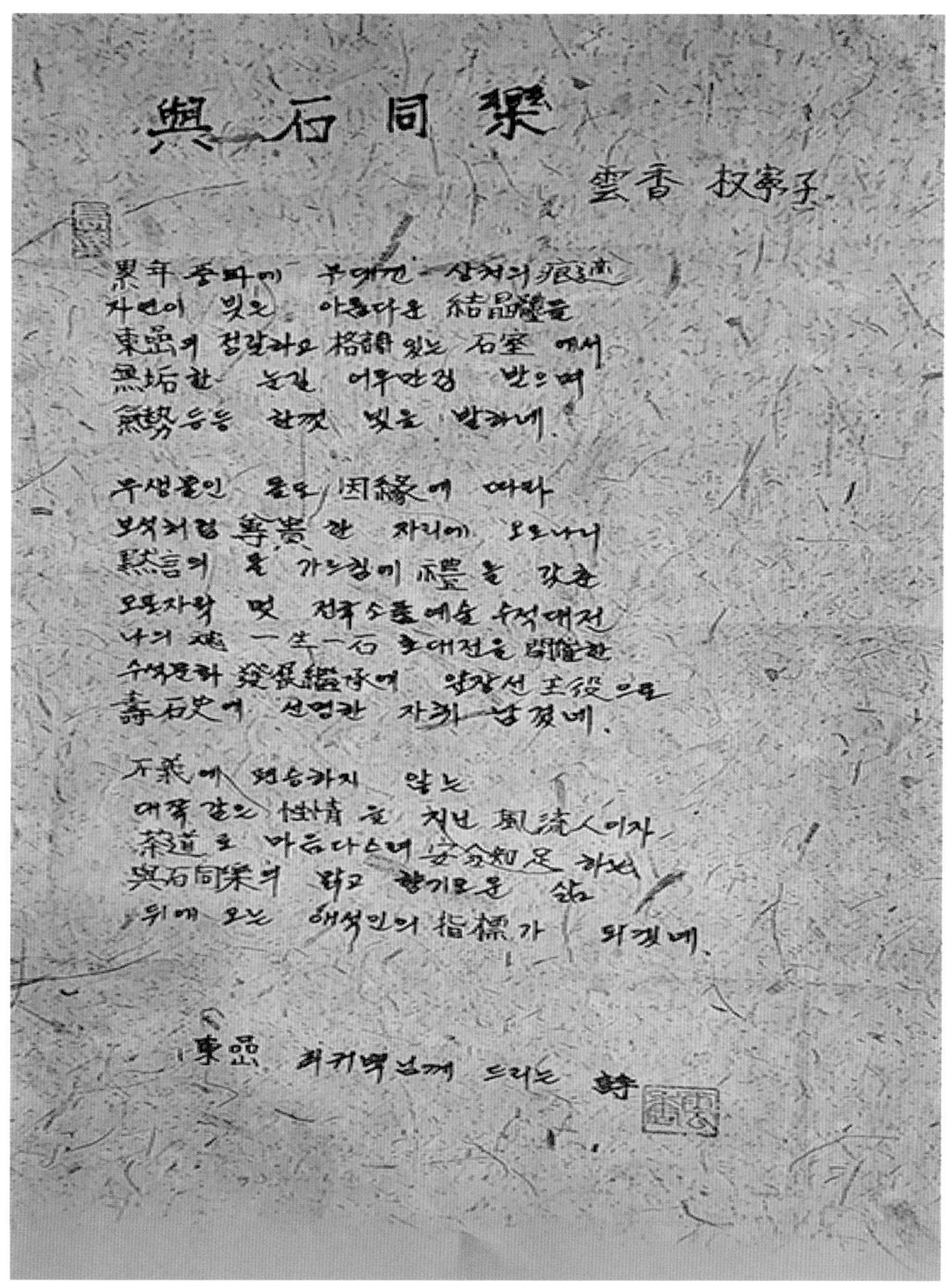

與石同樂

雲香 权寧子

累年 풍파에 부대낀 상처의 痕迹
자연이 빚은 아름다운 結晶體를
東嵒의 정갈하고 格調 있는 石室에서
無垢한 눈길 어루만짐 받으며
氣勢 등등 한껏 빛을 발하네.

무생물인 돌도 因緣에 따라
보석처럼 尊貴한 자리에 오르나니
默言의 돌 가는 길이 禮를 갖춰
오롯자락 및 전국순회 예술 수석대전
나의 돌 一生一石 호 대전을 開催한
수석문화 發展繼承에 앞장선 主役으로
壽石史에 선명한 자취가 남겠네.

不義에 편승하지 않는
대쪽 같은 性情을 지닌 風流人이자
茶道로 마음 다스려 安分知足 하는
與石同樂의 맑고 향기로운 삶
뒤에 오는 애석인의 指標가 되겠네.

東嵒 최귀백님께 드리는 詩

東嵒 최귀백님께 드리는 詩

자연의 물색에 젖다

돌에 보내는 몰입과 교감의 눈 맞춤.
시간의 흐름마저 잊는 탐석삼매경.
산 하늘 구름 물소리. 초록의 숲이 내어준 맑은 공기.
자연의 서기에 간곳없는 세상시름.

가장 행복한 시간

풍경에 동화된 환한 미소. 강바람에 날리는 시심
절로 나오는 노랫가락. 탐석은 애석생활의 가장 큰 즐거움

2020. 5 소양강 돌밭

석양 앞에서

쉼 없이 삶에 열정을 지펴온 날들
아직도 마음은 푸르른데
무심한 세월에 실려 온 석양 앞에서
지나온 길 돌아보니 꿈결 같네.

雲香의 생각 남기기

1부 희망

2부 이별

3부 그리움

4부 애석 隨想

새해는

새해는
막히면 돌아가는 여유로움
낮은 곳으로 흐르는
물의 겸손함으로
너와 내가 우리가 되어
여울목에서
더 청량한 소리를 내는
시냇물의 어울림처럼 살고 싶다.

새해는
내게 허락된 소중한 날들
헛되이 보내지 않게
지금이라는 시간에 감사하며
미지의 길 순리에 기대
유유히 흘러가는
시냇물의 자유로움을 닮고 싶다.

민들레꽃

"여기 좀 봐주세요. 저 예쁘지 않아요?"
척박한 돌 틈 사이에 뿌리를 내리고 피워낸
샛노란 민들레꽃이 유혹하듯 시선을 잡아끈다.

"너 참 예쁘구나. 정말 대단해."
모진 설한풍을 견뎌내고 화신을 알리는
민들레홀씨의 강인한 생명력에 가슴이 뭉클해진다.

바람이 데려다 놓은 그 곳이 어디든 적응하며
굳세게 자라 피워낸 한 송이 노란 민들레꽃.

예쁘지 않은 꽃이 있으랴만,
산책길에 만난 어떤 꽃보다 예뻐 보였다.

목욕탕

옷을 걸치므로
부끄러움을 느끼게 되었던
에덴의 후예들
거추장스러운 가리게
훌훌 벗어 던졌다.

원시로의 회귀인가
속진 씻김인가
태반 속 같은
물의 출렁임에 몸을 맡긴
벌거숭이들의 평등

자욱한 수증기 사이로
태초의 몸짓인
창조의 신비가
모락모락 피어오른다.

무지개

여섯 살 손녀가
자기 보고 싶을 때 보라며
고사리 손으로 그려준
빨 주 노 초 파 남 보
뚱보 무지개가
하늘에 둥실 떠 있다.

무지개처럼 곱게
희망의 나래를 활짝 펴고
무럭무럭 자라라고
빨 주 노 초 파 남 보
뚱보 무지개 위에
할미 소망도 함께 띄운다.

* 여덟 빛깔의 뚱보 무지개 *

가슴으로 만나는 사람

눈이 아니라 가슴과 가슴으로 만나고 싶은
그런 사람이 되고 싶다
있는 듯 없는 듯 밤길 반딧불 같은
무심한 듯 서로 다른 길을 가다가도
어느 날 문득 시리도록 그리워지는 그런 사람
정한 마음 밭 일구어 곱게 피워낸
진하지 않으면서도 마음을 당기는
그런 들꽃 같은 사람이 되고 싶다
그런 사람을 만나고 싶다

눈이 아니라 가슴에 은밀히 담아두고 싶은
그런 사람이 되고 싶다
삶의 길 더러 위로 받고 싶을 때
몸보다 마음이 먼저 달려가
젖은 감성으로 어루만져 주는 그런 사람
속내를 드러내 보여도 부끄러울 것 없는
늘 그 자리 일정한 간격을 유지하면서
공기처럼 가슴으로 스며드는
그런 결 고운 사람이 되고 싶다
그런 사람을 만나고 싶다

내 사랑 내 곁에

주말이면 찾아와 정붙임을 하던
손자들 얼굴보기가 점점 어려워지고 있다.
할미 집에 오는 횟수가 줄어드는 이유가
친구들과 어울려 게임도 하고
좋아하는 자전거도 타야 되기 때문이란다.

"당연한 거야.
할머니도 너희들 나이 때는 그랬어.
엄마보다 친구가 더 좋아서 늘 어울려 다녔거든.

자주 못 와도 서운하게 생각 안 할 테니까
언제든 보고 싶어지면 오면 되는 거야. 알았지?"

어느새 친구가 좋아지는 나이가 되었구나 싶어
대견하면서도 그렇게 서서히 눈에서
멀어져 가는구나 생각하니 왠지 모를 허전함이…

너희 아빠도 어릴 때 그랬는데, 뭐.
자주 안 와도 괜찮으니까
"몸도 마음도 건강하게만 자라주렴."

손자들 모습이 담긴 사진을 보며 그리움을 달랜다.

독재자의 최후

42년 철권통치 짓밟힌 인권
성난 민심의 도도(滔滔)한 항거

두더지처럼 몸을 숨긴
어둔 지하 배수관에서
제발 '쏘지 마라'
독재자의 때늦은 생명구걸

피로 낭자한 처참한 말로
정육점 냉동실서 구경거리 된 시신
악행의 응보 만천하에 알린
사막에 울려 퍼진 승리의 함성

독재자 가다피의 최후를 보면서

봄 비

봄비가 내린다.
긴 동면에서 깨어나는 대지의 수런거림이
빗소리에 실려와 내안 닫혀 있는 문을 두드린다.

물기 머금은 버들강아지
하얀 솜털 속에서
생명 움트는 소리
만물이 약동하는 계절

내안 다니지 않아 발길이 끊긴 길에
다시 길을 내고
흐름을 멈추고 고여 있는 물을 퍼내
새로운 물이 솟게 하라 채근한다.

철가방 천사

창문도 없는 쪽방에서
반딧불이로 살며
가슴엔 태양을 품었던
자장면 배달하듯
사랑 나누고 베푼
그대 이름은 철가방 천사

채우고 채워도
조갈 나는 행복 불감증
욕망에 길들여진
의(義)에 낯선 사람들
부끄러운 자화상 돌아보게 한
그대 이름은 철가방 천사

교동사고로 사망한 중국집 배달원 김우수님을 보면서

공원에서

줄기차게 내리던 장맛비가 잠시 멈춘
분당 중앙공원 호숫가 산책로를 걷는다.
비에 젖은 대지의 흙냄새.
숲의 향기가 상쾌하다.

돌탑에 새긴 '바르게 살자'라는 문구.
진정한 인간됨. 화합하는 사회.
올바른 의식과 가치관의 실천을
권장하는 이 글귀가
오늘따라 마음에 비수처럼 와 꽂힌다.

불공정한 사회의 괴리를
속수무책 목격하며 좌절하는
사람들에게는 희망이란 기대감을.

위선과 사리사욕에 휘둘려
불의를 자행하고 있는
사람들에게는 자신을 돌아보는
거울이 되는 명문(名文)으로.

바르게살기 행동본부의 취지가 담긴.
그간 관념으로 보아 넘기던 문구가
작금의 현실과 겹쳐 울림으로 다가온다.

선물(膳物)

블로그 이웃인 '돌고래와 신데렐라'님이 직접 만든 정성이 가득 담긴
핸드메이드 핑크색 긴 구슬목거리를 선물 받았다.
얼마 전 블로그 '생각 남기기'에 「구두」라는 제목으로 글을 올린 일이 있는데,
그 글의 모티브가 된 핑크색 옷과 구두에 어울리는 목걸이를 만들어 내게 보내주고
싶었다고 한다.

수백 개의 작은 산호 구슬을 일일이 줄에 꿰는 작업은 섬세함과 인내심이 없으면
가능한 일이 아닐 텐데, 생면부지인 나를 생각하며 만들었다는
그녀의 정감을 오롯이 느낄 수 있는 특별한 선물이다.

거주지가 지방인 그녀와는 만남의 기회가 주어지기 어려운데,
얼마 전 名人 書藝家의 문하생으로 입문하게 된 후 뜻밖에 그녀의 스승이
나와 知人 사이임을 알고 무척 반가웠다고 한다.

순리에 기대 살아가는 삶의 길에서 만나는 사람들 중에는 우연 같은 필연이 있는가.
그러한 생각을 할 만큼 극적일 때가 있다.
'돌고래와 신데렐라'님이 바로 그런 분이 아닌가 싶다.

선물은 마음을 나누는 일이다. 핑크색 옷에 어울리는 구두.
목걸이를 갖게 된 사연 그 고운 인연들이 안겨준 잔잔한 행복감에 젖는다.

이명(耳鳴)

홀연 내 청각(聽覺) 속에 자리 한
불청객 이명(耳鳴)
고요를 시샘하듯 고막을 흔드는
혼돈의 코러스
소리 소리들의 난무

홀연 내 의식 속에 자리한
침입자 이명(耳鳴)
소멸을 바라는 조급증을 조롱하듯
점점 더 볼륨을 높이는
소리 소리들의 광기

사람아

사람아!
가슴에 시린 바람 일고
사는 일 더러 힘겨워질 때
손을 내밀면 마음까지 잡아줄
생각만으로도 위로가 되는
그가 너였으면 좋겠어.

사람아!
멀리 있어도 지척인 듯
보고 싶다 말 하지 않아도
바람처럼 내게 오리라는
꽃 같은 믿음을 안겨주는
그가 너였으면 좋겠어.

장(腸) 검사

희석된 약물에
맑게 씻긴
베일 속 동굴이
내시경 불빛에
먹빛 어둠을 걷어낸다.

구불구불
저 붉고 여린 내벽을
쉼 없이 훑고 지났을
배설물들의 통로

인체의 신비가
뫼(山) 같이 다가온다.

풍 경

고령의 할아버지와 젊은 부부
어린 손자 삼대가
중국집 원탁에 앉아 식사를 한다.
탕수육을 드시는 시아버지께
건네는 진심어린 당부
"아버님 꼭꼭 씹어 드세요."
꽃보다 아름다운 어버이 공경
눈도 귀도 환해진다.

대중탕에서 노모의 등을
살갑게 밀고 있는 며느리
딸도 아닌데 엄마라 부른다.
고부간 갈등 정하게 씻은 마음자리
사랑으로 채운 정감어린 순수
꽃보다 아름다운 어버이 공경
눈도 귀도 맑아진다.

흔들림

흔들리는 게 지진뿐이랴
바람 부는 대숲처럼
어지럼증 잦은 인생길

퇴적층 같은 갈등에너지
밀고 당기고 요동치다
시뻘건 마그마로 솟구치면

사랑이 흔들리고
가정이 흔들리고
무너지고 갈라진 삶의 궤적
해일 할퀴고 지난 아린 상처엔
짜디짠 소금기만 남을 터

살아가는 일
더러 어지럼증 일어도
설한풍에도 의연한
대숲의 푸름을 보라

은혜의 고매 숲

오월 숲 같은 구도자
이십여 성상 간직해온 심원
복음동산 고매림이 되었네.

더러는 흔들리고
남모를 눈물도 배었을
고귀한 외길
하늘바라기

봄이면 맨살 가지마다
소생의 기쁨 노래하듯
곱디곱게 피어나
맑은 향기 실어 나르니
은혜로워라
그대의 꽃 숲
길이 남을 그대 자취

서 점

입으로 들어가는 것으로는
채워지지 않는 공복감이 느껴질 때
서점으로 간다.
자장면 한 그릇 값으로 사온
시집 한권 오월 숲길 같다.

사람 사는 일
별반 다를 게 있나 싶다가도
영혼을 깨우는 소리
그 침향 같은 삶과 마주하면
가슴이 젖는다.
희망이 솟는다.

보 물

밤 길 가는 맹인『
더듬이 촉수 금속성 흰 지팡이
보도 부딪치는 소리
먹빛 허공을 가르네.

빛에 길들여진
내 두 눈 감고
곧은 길 걸어 보다가
휘청휘청 멈칫멈칫
스치는 불안에
그만 눈 뜨고 말았네.

한결 밝아진 둘레
여태 잊고 살아온
무상 빛의 은총
다이아몬드로도 견줄 수 없는
보물 지녔음을
눈 감고 걸어본 후에 알았네.

거북 빗장

지난날 어느 양반집
솟을대문에 달았을 것 같은
長壽와 守護의 상징인 거북 빗장이다.

대문을 여닫던 사람들 자취는 간데없고,
옛 영화를 지켜본 빗장만이 남아
생의 덧없음을 느끼게 한다.

봄 날

시린 바닷바람에 헹군
고혹의 빛깔 유채꽃밭에 내릴
남녘의 봄이
달디 단 바람으로 감겨 와
내 안의 권태를 부추기고
세월의 나이테에 기죽은
역마살을 흔들어 깨운다.

훨훨 날아가고 싶다
새 생명의 환희가 출렁일 그곳으로
가서 솟구쳐 오르는
봄날의 설렘
해감을 토하듯 질펀하게 풀어놓고
깃털처럼 가벼운 마음으로
자연의 생기로운 리듬에 취하고 싶다.

자작나무

아파트 건너편 숲에
자작나무 두 그루
무성하던 잎 지고
더욱 하얗게 드러나는
혈관처럼 뻗어난 순백의 나신

숲을 이루는 자연의 일부로
자기 자리서 묵묵히 빛나는
자작나무가 들려주는
마음의 소리가
그 어느 때보다
가까이 들리는 아침이다.

추상화

무심히 지나치던 가로수 길
해묵은 플라타너스 표피에
선과 색의 신비로운 조화
자연만이 그릴 수 있는 그림
피카소가 연상되는 추상화가 그려있다.

상생(相生)

향기의 끌림인가.
물방울 어린 화사한 꽃잎에

살포시 내려앉은
본능의 몸짓 아름다워라.

상사화

길게 목을 세운
가녀린 꽃대 위에
그리움 토하듯
선홍색 더듬이 촉수
실핏줄 갈기마다 고인
속절없는 기다림이여!

만날 수 없는 꽃과 잎
애달픈 미망의 혼불
뜨겁게 뜨겁게 사르다
생의 흔적 지우는
맥없이 오그라진
잿빛꽃자리 애틋함이여!

막내의 출국 날

든 자리 크다 한들 난 자리만 하랴
손 흔들며 돌아서 가는 모습
한번이라도 더 눈에 담으려
멀어지는 뒷모습
하염없이 바라보고 선 모정

홀로서기 이국생활
만나고 헤어짐에 늘 고픈 마음
주문 같은 기원 실어 살아온
숱한 세월 덧없이 흘러가고

무시로 이는 그리움
기다림으로 다독인 날들
모정의 아쉬운 회포
기약 없는 재회
공항의 이별이 아프다.

그 사람

창밖 나무들 세찬 흔들림
빗줄기 유리창을 타고 흐르는
한 낮의 어스름
머나먼 거리에 있으면서
내안 오롯이 자리한
그 사람 마음에 닿고 싶은 시간이다.

비개인 산허리 드리운 구름
숲에 몸 부리고 싶어질 때
멈추지 말고 어서 날아올라
파란 하늘에 그리움 닮은
하얀 꽃송이로 피어나라던
그 사람 생각에 가슴시린 시간이다.

만남 그리고 離別

예기치 않은 외상으로 한동안 거동이 불편했던 남편에게 드디어 걸을 수 있는 자유가 주어졌다. 떨어져 있어 더욱 그리운 막내아들 가족도 만나보고, 긴 간병의 권태로움도 털어버릴 겸, 하늘길을 날아 상해에 왔다.

체류기간 동안 오랜 투병생활로 지친, 몸과 마음을 추스를 수 있는 여행지로 선택한 '절강성 우쩐'은 상해에서 승용차로 2시간 거리로 중국의 베니스라 불리는 곳이다.

수로를 따라 옛 모습을 그대로 간직한 수상가옥들은 유구한 시간이 멈춰 있는 듯 고전적인 정취가 물씬 배어 있다. 먹빛수로 위를 배를 타고 지나며 바라본 아름다운 야경과 물에 비친 불빛의 황홀함은 낮에 보았던 고즈넉한 정경과는 사뭇 다르게 고전과 현대가 어우러진 몽환적인 분위기다.

여행하는 내내 편안한 잠자리. 건강한 먹거리로 세심하게 마음 써 준 아들내외의 진한 가족애가 느껴졌던, 휴식과 충전의 시간들이 바람결 같이 지나고 다시 일상으로 돌아갈 귀국준비를 한다.

만남과 이별을 반복하며 사는 게 삶이라지만, 앞으로 얼마나 눈 맞춤하며 혈육의 정을 나누게 될는지. 인생의 어느 한 시기를 지난 후부터 내일이라는 미지의 날에 희망을 점치던 마음이 허약해지고 있다.

출국장에서 머뭇머뭇 손 흔들며 돌아서는 아들모습 한번이라도 더 눈에 담으려 멀어지는 뒷모습을 하염없이 바라본다. 삶의 터전이 되어버린 긴 외국생활로 인해, 보고픈 마음 안으로 다독인 숱한 세월 덧없이 흘러가고, 사랑할 시간 점점 짧아지는데, 기약 없는 재회의 아득함이 어둠내린 공항을 이륙하는 모정의 가슴을 시리게 한다.

변해버린 꽃밭

임진강 군남댐에서 흘러내리는 물길을 따라 내려오다 보면, 허브빌리지 건너편 긴 둑방길 아래로 '개망초 십리길'이라 불리는 꽃밭이 드넓게 펼쳐 있었다.

사람의 왕래가 뜸한 곳이라 잘 알려지지 않은 이 꽃밭을 탐석 길에 보았을 때 물결처럼 바람에 흔들리며 하얗게 빛나던 그 아름다운 정경을 잊을 수가 없다.

올 봄도 오월의 푸름을 어우르며 흐드러지게 피어있을 꽃밭을 생각하며 설렘 가득 안고 찾아갔건만, 이럴 수가.

낯선 풍경의 흙더미 속에 묻혀버린 꽃밭은 가늠조차 할 수가 없었고,
위락시설을 만들기 위해 분주하게 오가는 중장비들의 요란한 기계음만 허공으로 흩어진다.

봄을 기다려온 기다림 하나가 맥없이 강물에 풀린다.
봄이면 가슴을 뛰게 하던 순수의 바다 시리도록 하얀 개망초 꽃밭을
다시는 볼 수가 없게 되었다.
잊혀진다는 것은 얼마나 허망한 일인가.

옛 것이 사라진 자리에 흔적을 지우듯 새로운 것이 자리를 잡는 현장을 바라보면서 자꾸 안타까운 상실감이 밀려온다.

어찌하랴.
내 마음에 그리움으로 자리한 꽃밭을 이젠 사진을 보며 달래야 할 것 같다.

봄날은 간다

중앙공원을 휘돌아 흐르는 벚꽃명소 분당 천변 산책로를 걷고 있을 때다.
저만치 백발이 성성한 노인과 중년의 남자가 손을 꼭 잡고 다정하게 걸어가고 있다.
빼닮은 뒷모습만으로도 아버지와 아들임을 알 수가 있다.

그 정겨운 모습에 이끌려 적당한 거리를 유지하며 걷는다. 지난밤 비가 내린 후 만개했던 꽃송이들이 세찬 바람결에 속절없이 눈발처럼 흩날린다.

꽃잎이 하얗게 쌓이는 길을 느릿느릿 앞서가던 두 남자가 나지막하게 "봄날은 간다."를 부른다. 고령의 아버지를 모시고 꽃구경을 나온 아들과 아버지가 부르는 가족애가 물씬 묻어나는 아름다운 화음이다.

요즘 쉽게 만날 수 없는 정경(情景)인데다 가사에서 묻어나는 애틋함이 더하여진 때문인지
뒤따르던 내게 싸한 감동의 파장이 인다.

시나브로 멀어져 가는 두 남자의 뒷모습을 한동안 바라보고 서 있었던 그날.
세월의 덧없음을 실어 부자가 가슴으로 부르던 "봄날은 간다." 노랫소리가 아직도
귓가를 맴돌고 있다.

행복했던 날들은 가고

할머니 보고 싶어요. 빨리 상해에 오세요.
9살 다인이의 성화에 못이긴 6개월만의 상봉
그동안 훌쩍 커버린 다인이와 보낸
행복했던 날들은 어느새 추억이 되었고,

헤어짐을 못내 아쉬워하던 다인이는
귀국한지 이틀밖에 지나지 않았는데
벌써 할머니가 보고 싶단다.

자석처럼 서로를 밀착시키는 혈육의 당김
만남과 이별을 반복하며 살아가는 삶의 길에
긴 기다림의 날들이 흘러야
그리운 얼굴들을 다시 만날 수 있겠지.

비에 젖은 갈잎들이 시리도록 아름다운 늦가을.
머잖아 잊혀져갈 저 자연계의 엄숙한 순환
이별은 모두가 애틋하다.

어떤 離別

14년간 함께한 애완견 '마루'가
곡기를 끊고 있다며
이별을 준비해야할 것 같다던 그녀가
전화로 마루의 죽음을 알리며
서럽게 흐느낀다.

그도 그럴 것이. 떨어져 지내는
가족들을 대신해 항상 곁을 지켜주며
홀로지내는 허전함을 메워주던
말동무였으니…

마루와 함께한 추억들을 회상하며
상실감에 젖어 있는 그녀에게
좋은 인연의 주인을 만나
한 생을 사랑받다 떠났으니
마음 가볍게 보내주라는 위로가
아직은 공허한 메아리로 들리겠지.

이별이 힘겨워 다시는 애완견과
정붙임을 하지 않겠다는
그녀의 다짐 같은 독백이
이명처럼 맴도는 가을날이다.

안녕이란 말은 하지 않을래

친구야!
기다림이 있는 일상이
얼마나 마음을 생기롭게 했는지 몰라
그렇지만, 그렇지만
이제 그 기다림을 접어야할 것 같아.

가끔은
우리 함께한 날들이 생각나
널 많이 그리워할지도 몰라
그러니까. 그러니까
차마 안녕이란 말은 하지 않을래.

짧은 만남 긴 이별

외국살이를 하고 있는 막내아들이 귀국했다.
주문 같은 기원으로 다독인 그리움을 해소하기엔
턱없이 부족한 시간이지만.
장남과 차남, 막내와 함께 골프라운딩과 회식으로
그동안 쌓인 가족애를 풀어내며
일주일 남짓한 날들을 꿈결같이 보냈다.

재회의 기쁨도 잠시
가족이 기다리는 삶의 터전으로 다시 돌아가야 하는 출국 날
세월은 덧없이 흐르고 사랑할 시간은 점점 짧아지는데
하늘 길 멀어 만남을 기약할 수 없는 모정(母情)의 이별이 애달프다.

첫 눈

첫눈은
먼 날의 그리움이다.

푸르른 날들의 기억이
허공에 순백의
깃발로 나부끼면
누군가
지등을 들고
추억의 뒤안길
서성일 것 같은

첫눈은
먼 날의 설레임이다.

진달래꽃 그리움

봄이면 내 고향 뒷동산에
지천으로 피어 있던 진달래꽃.

보릿고개 봄날
시름이 강물 같이 깊었던
어머니가 안겨주던 진달래 꽃다발

진달래꽃 피는 봄이면
꽃잎에 어리는 어머니 얼굴
아릿한 그리움에
서성이는 진달래 꽃길

기 다 림

품 떠난 분신들
시린 바람 되어
무시로 빈 둥지 휘젓는다.

사랑은 위에서 아래로
흘러가는 물줄기 같은 것
다 그런 거지
다 그런 거야
생각 속에만 맴도는 체념

비우지 못한 집착인가
혈육의 끌림인가
살아가는 일
속절없고 허허로워
스치는 미풍에도
보고지고
보고지고

노을 비친 창가
서성이는 모정의 기다림

어머니

고향 선산에 잔디이불 덮고
긴 잠에 드신 어머니
그리도 보고 싶다며 불러 내리던
딸이 왔건만 기척이 없고
건너편 산등성이에서 우짖는
뻐꾸기 소리만 구슬프게 들리네.

훠이훠이 가고 싶은 곳 많아
내세는 새가 되고 싶다던
어머니의 환생 같아
신록 우거진 하늘가
하염없이 바라본 사무친 마음

바람결만 스치는 산중
햇살 내린 묘역의 적막감
피붙이 그리워하던 생전음성
"언제 올래" 귓가를 맴도는데
생과 사의 아득한 경계
점점 희미해지는 기억들

홀로 고향집 지키시던 말년
기다림이 일상이 된 외로움
헤아리지 못한 불효 가없이 밀려와
돌아서는 느린 발길 무겁던
그때도
잘 가라는 어머니의 당부같이
따라오듯 들려오던 뻐꾸기 소리

그 때

그리도 곱던 꽃들이
하나 둘 모습을 감춘다.
흔적마저 지워버린
순리에 기댄 짧았던 조우

그때가 좋았어. 그 때가 좋았지
그때는 오늘의 어제
그때는 내일의 오늘

그때를 살면서
그때를 그리워하는
생의 부질없는 반추

꽃 앞에 걸음이 멈춰지고
말을 건네고 싶은 나이
난만하던 꽃자리 바라보며
자꾸 마음이 시려온다.

양 산

눈에서 멀어진 지 몇 해이던가
하늘 길 멀고 아득해
두 마음에 서린 정
무심한 세월에 실려 갈까

보고 싶을 때 만나자던
지켜지지 않은 약속
허공 맴도는 여름날

이별의 징표라며 주고 간
양산을 펼칠 때마다
서늘한 그늘 밑으로
그립게 다가오는 얼굴

감나무 아래 서면

감나무 아래 서면
노란 감꽃목거리를 걸고 있는
어릴 적 모습이 아롱아롱 떠오르고
설익은 감을 소금물에 담가
침시를 만들어 주던
엄마모습이 선하게 그려진다.

감나무 아래 서면
장대로 홍시를 따 주던
함지박 같은 아빠의 미소가 생각나고
겨울날 따뜻한 아랫목에 둘러 앉아
차가운 홍시를 먹던 얼굴이 보고파
명치끝이 아리는 그리움에 젖는다.

붕어빵

바람결 차가운 스산한 거리
세월의 더께를 열듯
달궈진 무쇠 틀 속에서
갓 나온 붕어빵
시린 가슴을 데운다.

입 안 가득 고이는
팥 앙금의 달콤함
아직 남은 온기 속으로

배불뚝이 꿈을 키우다
생을 뜨겁게 사르고 떠난
젊은 날의 초상(肖像)
망각의 문을 열고 나온다.

내 안 그대 있네

머 언 청춘의 길목
바람결로 스쳐간 사람
무심하게 사는 동안
잊혀진 줄 알았는데

추억이란 빗장 열면
진주 같이 응고된
세월 비껴간 얼굴
내안 그대 있네.

빛바랜 마음자리
망각이란 물살에
실려 간 줄 알았는데
아픔도 오래 곰삭으면
그리움이 되는가.

타인의 경계를 허문
아련한 기억들
봄이면 신열처럼 도지는
부질없는 반추
내 안 그대 있네.

얼 굴

그도 가끔은 긴 머리 소녀가 그리워 동그라미를 그릴까.

문학세미나 참석차 그의 고향 군산에 갔다.
세월은 모든 것을 사라지게 하는가.
그의 집은 아무리 두리번거려 보아도 흔적마저 찾을 길이 없다.

바다건너 멀리 제련소 굴뚝에선
모락모락 하얀 연기가 그리움처럼 피어오르고
출렁이는 탁류의 바다 위를 외로움 품은 갈매기만 날아다녔다.

지난날 노을이 지는 바닷가를 거닐며 나를 생각했다는
그 길에
아직도 남아 있을 것만 같은 발자국을 따라 한참을 걸었다.

추억은 아름답다.
아무리 긴 세월이 흘러도 잊혀 지지 않는 그의 얼굴이
황혼으로 빨갛게 물든 바다 위에 둥글게 떠오르는 것 같아
나는 그 시절의 푸른 가슴으로 돌아가 있었다.

그래도 이따금 알싸하게 떠오르는 그리움 닮은 얼굴 하나
가슴으로 피워 올릴 수 있어 마음은 늙지 않을 것이다.

갈 잎

잎이 진다.
한 해가 저문다.
생멸의 순환은 자연의 엄숙한 섭리

불꽃같던 생의 흔적
미련 없이 털어내며
시원으로 돌아가는 갈잎의 가벼움

생에 마침표를 찍는
어느 날엔가
가뭇없이 잊혀져갈
내 삶의 끝자락도
닮고 싶은 갈잎의 가벼움

길

길을 간다.
어디가 끝인지 알 수 없고
되돌아 올 수도 없는
오직 한번 뿐인 길을 가고 있다.

길을 간다.
언제쯤 홀연 멈추게 될지
알 수 없는 미지의 길
점점 짧아지는 길을 가고 있다.

길을 간다.
허락된 지금이라는 시간
살아있음에 감사하며
순리에 기대어 길을 가고 있다.

조우(遭遇)

아득히 먼 곳 닿을 수 없어
동경만을 펴 올려주던
별 하나 가슴에 품었다.

나는 너에게 너는 나에게
서로에게 의미가 되는

선물 같은 너를 만나고
비로소 허기로 가득 찬
내 안 고독을 알았다.

허상에 흔들리는
채워지지 않는 공복감
응고된 감성들이
영롱한 빛깔로 풀리는

너는 나에게 나는 너에게
서로에게 위로가 되는

꽃 같은 너를 만나고
호수에 일렁이는 물결 같은
내 안 그리움을 알았다.

그리움이 될 줄

그때는 몰랐다.
기회란 항상 오지 않는다는 것을

매주 성전 꽃꽂이 봉사를 하던
생애 가장 아름다웠던 날들

허락된 날들의 몸짓이
그리움이 될 줄 그때는 몰랐다.

금오도

비운의 명성황후가
그토록 사랑했다는
한 생의 전설이
영원으로 이어지는
남도 끝자락 금오도

출렁이는 옥빛파도
쉼 없이 밀려와
석벽에 몸을 부리는
바다가 들려주는 코러스

천혜의 풍광이 이끈
뭇 발길 웅성거림
속살 드러낸 비렁길
벗겨지는 태고의 신비

옛 집

붉은 벽돌집 나선형계단 오르면
태고의 숨결로 반기던
삼라만상 닮은 수석들
문지방 닳도록 여닫던
서른 성상 삶의 흔적
지문처럼 새겨진 옛집

창을 열면 보이던 북한산 사계
완자창에 스미던 달빛
가을이면 유실수가 안겨준
풍성한 결실 이웃과 나누던
푸른 정원의 흙냄새
문득문득 그리워지는 옛집

분신들 홀씨 되어 날아간 자리
무시로 이는 시린 바람
끝 날까지 함께 하리라던
지키지 못한 약속
머뭇거리며 발길 돌리던 그날
능소화 등불 환하게 밝히던 옛집

첫눈 오는 날

첫눈이 내린다.
첫눈이 오면 사람들은 왜 그리운 사람을 떠 올리는 걸까.
이루지 못한 첫사랑 여인과 첫눈 오는 날 안동역 앞에서 만나자고 한
애틋한 노랫말을 에둘러 내게 안동역으로 가라는 톡을 보내온 그도
첫눈이 소환한 옛사랑이 생각났나 보다.

눈처럼 하얀 순수로 돌아가게 하는 첫눈을 맞으며
나는 안동역이 아닌 아파트 단지에서 눈길에 발자국을 남기며
나란히 걸었던 먼 날 그 소년을 생각했다.

우체국 가는 길

우체국으로 가는 길은 진한 그리움을 띄워 보내는 길이다
마음과 마음이 하나로 모아지는 무언의 약속 같은
편지를 받게 될 사람보다 보내는 이의 마음이
앞서 달려가는 설렘의 길이다.

우체국으로 가는 길은 아련한 추억과 만나는 향수의 길이다
무시로 보고픈 마음 손 편지에 담아 보내 놓고
애타게 집배원을 기다리던 사춘기 모습이 생각나
홀로 미소 짓는 회상의 길이다

우체국으로 가는 길은 새로운 기다림을 준비하는 길이다
내 마음이 전해질 그 사람의 엷은 미소가 떠오르고
삶의 길 혼자가 아니라 함께 할 길동무가 있음에
안도하게 되는 감사의 길이다.

애장품

고향집 뒤란 반질반질 윤기 나던
엄마의 장독대
둘레에 피어나던 울긋불긋 채송화. 봉선화

엄마의 발길이 끊긴 뒤
주인 잃은 간장항아리에 붙어 있던
빛바랜 버선본

세월에 실려 간 옛 이야기
영원한 그리움
엄마모습 어리는 나의 애장품

生의 흔적(痕跡)

비단에 한 땀 한 땀 수(繡)를 놓으며
무자식(無子息)의 시름을 달랬을,

가슴에 싸한 바람이 이는
고모님이 생전(生前)에 남긴 수예작품이다.

세상에 살다간 흔적을 비단에 새기고
떠난 지 반세기가 넘었지만
세월 잊은 꽃과 나비
옛 사람 생각나게 한다.

대리모(代理母)

불임 자에게
자궁을 대여 합니다
인도의 판자촌
가난이 멍에가 된 여인들

돈과 바꾼
모성 권리 포기서
태어남의 순리를 허문
비정의 상거래
인간 출산공장

정한(定限)의 이별
허망한 기억 지우려
먼 하늘 바라보며
속울음 삼키는
그대 이름은 대리모

아름다운 女人

목련이 피는 계절이면 더욱 그리워지는 얼굴이 있다.
학 같이 고고한 인품을 지닌 애석인이자,
어머니 같은 자애로운 살핌으로 주위사람들의 존경을 받으시던,
아름다운 여인 시연당 김윤전 여사님이다.

겉모습만이라도 닮고 싶었던, 내 삶의 길 이정표 같은,
여사님을 처음 뵌 것도 목련이 피는 봄날이었고,
여사님이 하늘나라로 떠나시던 날도 목련이 피는 봄날이었다.

봄이면 목련은 다시 피건만, 영영 뵈올 수 없어 아쉬운
여사님의 얼굴이 이 봄도 목련꽃에 겹쳐
그립게 그립게 떠오른다.

사라진 돌밭

일상이 자유롭지 못한 코로나의 답답함을 풀어내기 위해 자주 찾아가는
인제 소양강 살구미의 드넓은 돌밭이 통째로 사라졌다.
전국을 강타한 긴 장마와 폭우가 휩쓸고 간 강변의 돌밭이 깊은 모래더미에 덮여
흔적마저 찾을 수가 없다.

저 엄청난 모래가 대체 어디에서 흘러 왔을까.
대자연의 경이로운 신비에 말을 잊은 채 한동안 백사장을 망연히 바라본다.
설렘과 기대감으로 수많은 돌들과 눈 맞춤 하던 돌밭에서의 지난 일들이 주마등 같이 스친다.

잊혀진다는 것은 얼마나 허망한 일인가.
굽이쳐 흐르는 강의 특성이 만들어낸 모래언덕 옛 지명 사구미(沙丘尾)로 돌아간 지금,
모래더미 속에 묻히지 않고 나의 석실로 자리를 옮겨 와 있는
돌들의 고향인 살구미 돌밭을 훗날 시절인연의 때가 이르면 다시 볼 수 있을까.

자연의 순환으로 다시 모습을 드러낼 그날을 기다리는 마음이다.

2020. 9

書法家의 길

純白의 한지 위에
定한 心性을 타고 흐르는
춤사위 같은 沒入의 붓놀림
천년 默言의 숨결로 태어나다.

俗塵 씻어낸 道의 班列
수려한 書體의 그 柔然함
마음을 잡아당기는 筆力
범접하지 못할 예술의 境地

쉼 없는 精進 墨香에 실어 보낸
한 생의 高潔한 자취
永遠을 숨 쉬리니
세세에 빛날 藝人의 길이여!

★ 묵연재 주인 완재 송기영님께 드리는 詩. ★

봉선화

지인이 봉선화 사진을 찍어 톡으로 보내왔다.
시골에서 나와 같은 시대를 살아온 그를 봉선화가 향수에 젖게 한 것 같다.
사진으로 보는 꽃인데도 고향집 마당 우물가와 뒤란 장독대 근처에 울긋불긋 피어있던 봉선화가 숱한 세월을 헤집고 잠재된 기억들을 단번에 깨워준다.

백반을 넣어 짓찧은 봉선화 꽃잎을 아주까리 잎으로 정성스럽게 싸 실로 묶어 열 손가락 손톱에 꽃물을 들여 주던 젊은 날 엄마얼굴도 어른거리고,
누가 더 곱게 꽃물이 들었는지 자랑삼아 보여주던 단발머리 동무들도 옛 모습 그대로 정겹게 다가온다.

나이 들수록 그리워지는 고향. 긴 도시생활로 희미해진 추억들이
봉선화 사진에 선명하게 담겨 와 알싸한 회상에 젖게 한다.

향수의 꽃 자운영

내 고향 부여 백마강변 대왕 벌에 질펀하게 펼쳐있던 자운영 꽃밭이
봄이면 어김없이 진한 그리움을 안겨준다.

자운영 꽃이 융단처럼 깔린 너른 들판을 헤집고 다니며,
또래들과 나물 캐던 단발머리 시절
내 여린 감성을 수채화처럼 곱게 물들이며
강바람에 파도처럼 흔들리던 보랏빛 꽃송이들의 난무.

비닐하우스에 자리를 내어준 뒤로 숱한 세월이 흘렀건만,
아직도 뜻 모를 설렘을 안겨주던
봄날 그 자운영 꽃밭의 아름답던 정경들이
아지랑이처럼 피어올라 시린 향수에 젖는다.

장 날

일상이 무미하게 풀어질 때면 모란재래시장으로 간다.
느슨해진 마음을 곧추세우는데 시장만한 곳도 없다.

물건을 팔고 사는 사람들의 정겨운 흥정소리.
지난날 시골장터에서 보았던 낯익은 풍경들. 그 잊혀져가는 것들을
도심 속에서 만날 수 있어서 좋다.

가마솥에서 끓고 있는 국밥. 튀기고 굽고 볶아낸 음식을 싼 가격에
부담 없이 먹을 수 있는 간이음식점들도 북새통이다.

왁자지껄 활력이 넘쳐나고 사람 살아가는 냄새가 풀풀 나는 장터를
둘러보는 것만으로도 돌아오는 걸음이 가볍다.

아버지를 그리다

옛 고향집 마당 우물가에 넓은 꽃밭이 있었다.
자상하신 성품의 아버지가 정성들여 가꾸던 꽃밭에는 백합, 목단, 장미, 붓꽃, 자색밥풀 꽃, 봉선화, 국화꽃이 봄부터 늦가을까지 줄지어 피어났다.

아버지가 가장 좋아하던 꽃은 내 방이 있던 사랑채 바로 앞에 있던 불두화다.
둥치가 크고 무성한 가지에 순백의 탐스러운 꽃송이가 주렁주렁 달리는 어스름 달밤이면 수십 개의 전등을 켜놓은 듯 눈이 부셨다.

창문을 열면 그 하얀 꽃송이들이 안겨주던 설렘,
벌. 나비도 날아오지 않는 무향의 꽃이면서도 순수의 아름다움으로 눈길을 잡는 불두화를 나도 아버지처럼 좋아 한다.

이제는 아련한 기억 속에서나 만날 수 있는 아버지의 꽃밭.
생각만 해도 가슴이 싸해지는 향수의 꽃 불두화가 피는 계절이면, 사라진 고향집과 아버지가 더욱 그리워진다.

구 두

평소 핑크색 정장에 어울리는
구두 하나 마련했으면 했다.
마침 세일기간이라
둘러본 백화점 구두매장
정품 구두를 단돈 5만원에
한정 깜짝 이벤트를 한다.

현금결제만 가능하다는데,
만원이 부족했다. 어쩌나
옆에 있던 고객인 낯선 여인
극구 사양하는 내게
모자라는 금액 선뜻 건네주며
"예쁘게 신으세요."
세상에 이런 인심이…

차라도 대접하려 했지만
함께 누린 뜻밖의 행운에 만족한다며
손사래를 치던
이름 모를 이의 미소가 생각나
구두를 볼 때마다
마음이 훈훈해진다.

자연의 섭리『

오래전 가을 마음 앓이를 하던 나에게
죽음에 대한 홀가분한 인식을 심어주고 싶었던
친구의 장문편지를 받았다.

나약한 감상이 들 때마다
냉철한 이성으로 사물을 보게 하고 어떤 고통도 마음 가볍게
받아들일 수 있도록 위안이 되어 주던 편지의 일부가
해마다 이맘때면 생각난다.

』가을이면 수많은 것들이 모습을 감추고 죽어간다
그러나 다음 해가 되면 그 자리에 어김없이 꼭 같은 생명들이
다시 싹을 틔운다.

이는 마치 인간이 계절에 따라 옷을 바꾸어 입는 것과도 같은 것이다.
이를 어찌 죽음이라 할 수 있겠는가.
엄연한 생의 진행일 뿐이다.

낙엽 쌓인 길을 걷고 있다
앞서거니 뒤서거니 그 곱던 옷을 훌훌 벗어버리고
저들이 왔던 시원으로 돌아가는 갈잎들이 내게 속삭인다.

우리의 잊혀 짐은 소멸이 아닌
봄이면 다시 소생할 근원에 자양이 되기 위한
자연의 섭리라고….

잃어버린 봄

코로나 확진자가 하루사이 106명 째 발생했다는 지역사회 알림문자가 또 다시
핸드폰에 뜬다. 늘어나는 숫자만큼이나 더해지는 불안감.
대지는 움트는 초록의 생기로 가득한데, 창밖에선 수목 가지치기를 하는
전기 톱날에 무참히 잘려진 나무들의 비명소리가 요란한 금속음에 실려 허공을 맴돈다.

자기의 의지와는 무관하게 어느 날 불현 닥친 생과 사의 갈림길.
지구촌 여기저기서 연일 들려오는 수많은 생명소멸의 안타까운 비보.
생애 이런 공포심을 느낀 적이 있었던가.

자유로웠던 일상들이 그리움이 되고, 만남이 정지된 우울하고 답답한 칩거의 날들.
화단에 핀 수선화 그 자연계의 경이를 마스크를 쓰고 눈빛으로 밖에 전하지 못 하는
내 잃어버린 봄날이 꽃에게 미안하다.

2020년 3월 27일

역병의 굴레

지금 우리는 한 시대의 비극적인 재난으로 기록될 코로나 역병의 미궁 속에서 자제심의 한계를 느끼며 힘겨운 나날을 보내고 있다.
마스크의 답답함을 견뎌내면서 사회적 거리두기를 실천하고 있는데, 날마다 감염자가 급증하고 있다는 경계심을 환기시키는 보도가 불안감을 가중시키고 있다.

마스크를 쓴 사람들의 강요된 침묵에서 느낄 수 있는 직면한 현실의 두려움.
위기의식을 극대화시킨 애완동물들 모습이며 고뇌하는 돌 얼굴에 마스크를 씌운 풍자까지.

전 세계 확진 자가 608만 명에 이르고 현재 사망자가 37만 명이라는 전쟁보다 많은 인명을 희생시킨 공포의 코로나바이러스의 지리 한 심신 옥죄임이 언제나 멈추게 될는지.

소원해진 지인들과 어울려 정담도 나누고 신선한 공기를 맘껏 호흡하고 싶어 찾아간 강변 돌밭에서 조차 서로를 배려하는 마음에서 선뜻 마스크를 벗지 못하는 아쉬운 대면.

긴 역병의 굴레에서 풀려나 잃어버린 일상을 회복하는 그날이 속히 오길 바라는 간절함을 세찬 물살에 실어 띄운다.

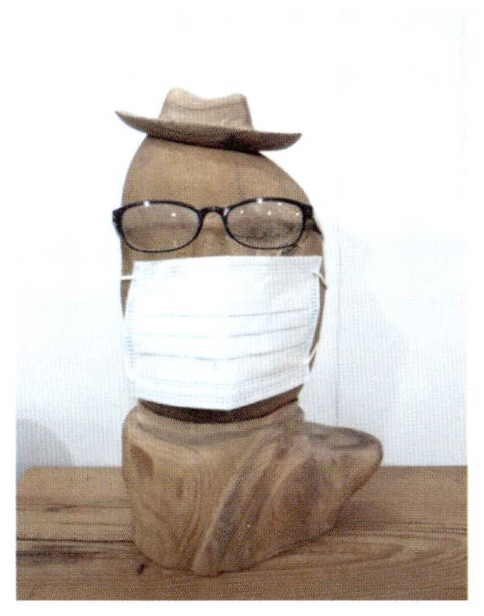

봄이 오고 있다

코로나 바이러스 공포에
발목 잡혀 이국에서 두문불출 하고 있는
가족의 안부가 애달아
가슴 조이는 날들이 이어지고 있다.

위선에 가려진 실종된 진실들
직면해 있는 불확실한 미래가
전신을 무기력과 권태감으로 휘감는다.

마스크의 답답함에서 벗어나
탐석의 몰입으로 시름을 잊게 하는
임진강 돌밭을 걷는다.

『소생의 봄
시련의 때가 어서 지나가기를 바라는
모정의 간절함을 위로 하듯
강변의 물기 머금은 나무 가지마다
약동하는 생명의 소리가 들린다.

꽃은 피었건만

일이 손에 잡히지 않는다.
정지된 일상의 권태감에 숨이 막힐 것 같다
창궐하는 코로나 역병의 중심에서
지인이 찍어 보낸 홍매 꽃

봄이 오고 뜰에 꽃은 피었건만
엄습해 오는 두려운 현실에 갇혀
그리운 사람조차 만날 수 없다는
한숨 섞인 비탄의 하소연.

어쩌다가. 어쩌다가.
자유를 잃고 이렇듯 불안에 떠는
백척간두에 놓이게 되었는지.

공포의 사슬에서 벗어나
일상의 자유가 회복되는
희망의 그날은 언제나 오려나.

휴 식

삶이란 끊임없이 밀려오는 희로애락의 파고를 넘는 일. 한 달 넘게 이어지는 간병일로 심신에 에너지가 고갈상태다.

바람 같은 자유가 그립다. 잠시라도 권태로운 일상에서 벗어나고 싶은
내 안의 갈구가 폭염보다 더 뜨겁다.

바라봄만으로도 마음이 치유되는 대자연의 수려한 경관들. 폐부까지 정화되는 서기(瑞氣)가 권태감을 밀어내준 휴양지에서 보낸 일주일간의 휴식.

사랑하는 가족들과 함께 지내는 보람까지 더해진 나날을 보내고
본래의 자리로 돌아온 지금 한결 마음이 가볍다.

2018년 8월

산 책

자유를 잃은 일상의 권태감을
털어내고 싶을 때면 걷는
중앙공원과 분당천의 산책로

절로 피고 지는 꽃들의 윤회
한가롭게 휴식을 즐기는 사람들
호숫가에서 홀로 생각에 잠긴
두루미의 고적(孤寂)한 모습을 보며
새삼 살아감의 의미를 새긴다.

얼마를 더 기다려야 마스크로 가린
숨구멍을 활짝 열어 놓고
들숨과 날숨을 맘껏 쉴 수 있을는지.

강요된 침묵에 길들여진 비애감을
위로하듯 치유해 주고
물소리 흙냄새에 생각이 깊어지는
산책은 무상(無上)의 묘약이다.

신 발

작은 몸집이
무거운 육신 떠받치고
누추한 지상을 간다.

걸음 옮길 때마다
살점 아려오는 통증
해어지고 닳아
남루해진 몸뚱이

고단한 동행
묵묵히 견뎌낸
지고한 헌신
소중함 잊어버린
내 어머니 생전모습 같다.

보수공사

부쩍 병원출입이 잦아졌다.
안과에 치과를 번갈아 들락거린다.
아직은 허우대가 멀쩡하다 싶은데
몸 여기저기서 미세한 신음소리가 들린다.
하긴 오래될수록 귀한 대접을 받는 명품악기도 아니고
그 많은 날 소용에 무쇠인들 온전하겠는가.

의욕이 전 같지 않다.
순리에 맡기고 받아들이자는 마음과는 달리
몸 상태에 따라 주눅 드는 자신감
구식 옷이 리폼으로 다시 태어나듯
생기 넘치는 변신은 못 하더라도
남은 날 쓰임에 불편을 최소화 하려면
보수공사에 게으름 피지 말아야겠다.

가을을 줍다

아파트 단지 내 산책길을 걷는다.
반들반들 윤기 나는 상수리가
툭툭 소리를 내며 도로 위로 떨어진다.

호주머니에 가을을 주워 담는다
금시 배불뚝이가 된다.
가을이 담긴 호주머니를 보며
소소한 행복감에 젖는다.

상수리로 묵을 만들어 주시던 어머니 모습도
상수리의 떫은맛을 우려내던
고향집 우물가 풍경도
선명하게 그려진다.

덤으로 유년의 추억까지
가을이 안겨준 선물이다.

향수(鄕 愁)

오랜 외국생활을 하고 있는 아들이
가족과 함께 귀국한 후
제일 먼저 찾아간 곳이
성장기의 추억이 서린 옛집이다.

이제는 타인의 보금자리가 된 대문 밖에서
한동안 서성이다 발길을 돌렸을
아쉬운 속내를 가늠하며
새삼 시린 감회에 젖는다.

삶의 길 순리에 따라 그토록 애정을 쏟았던
정든 집을 팔고 떠나올 때
새로운 주인이 오래오래 살겠다던
나와의 약속을 지금껏 지켜주어서 고맙고,

단독주택지였던 마을이
빌라촌이 되어버린 지금도
옛 모습을 그대로 간직하고 있다는 것이
얼마나 다행스러운 일인지.

다시 생활의 터전으로 돌아간 아들은
사진에 담아온 옛집의 정경들을 보면서
문득문득 이는 유년의 향수를 달래겠지.

세월은 상실의 아픈 기억마저
진한 그리움이 되게 한다.

번뇌를 벗어낸 얼굴들

국립중앙박물관에서 열리고 있는 고려시대 절터에서 발굴된
「영월 창령사 터 오백나한」 전시회에 다녀왔다.

긴 세월 소실된 청량사 절터 어두운 땅 속에 묻혀 있다가 깨어난
나한들이 마치 살아있는 군상처럼 금방이라도 말을 걸어 올 것 같다.

투박하면서도 정감어린 얼굴에 고스란히 희로애락이 담겨 있어 너무도 인간적인 모습이다.

나한은 부처의 제자이면서 모든 번뇌를 끊고 깨달음을 얻은 수행자로
존경과 공양을 받을 만한 성자를 이르는 말이다.

같은 미소지만 근심걱정을 벗어버린 사람의 미소와 근심걱정이 있는 사람의 미소가 다르듯,
보는 사람의 마음가짐에 따라 다르게 느껴진다는 불가의 진리를 깨우친 성자 나한의 얼굴들.

내 안의 소리에 귀를 기울이고 마음을 살펴야 나한의 얼굴에서
우리 마음을 닮은 일상 속 모습과 마주할 수 있다고 한다.

"당신은 당신으로부터 자유롭습니까." 화두처럼 시선을 끌던 이 문구가
줄곧 마음을 잡고 있다.

달력 앞에서

한 장 남은 달력을 바라본다.
아직 남아있는 날들을 뺀 그 많은 날들이
순간처럼 영원 속으로 사라져가 버렸다.
해마다 이맘때가 되면 되풀이되는 허망함이다.

새해를 맞으며 내게 허락된 소중한 날들
감사하며 최선을 다해 살리라 다짐했다.
그런데도 삶의 작은 파고에도 크게 흔들리며
그날이 그날 같이 보낸 한 해가 또 저물고 있다.

올해는 남편의 예기치 않은 외상(外傷)으로 인해
심신에 피로감이 쌓이는
간병의 지루한 일상이 이어지고 있지만
사노라면 어찌 맑은 날만 있으랴
비바람 몰아치는 날도 있기 마련인 것을.

흘러간 날들에 대한 아쉬움
그렇다고 크게 달라질 것 같지도 않은
아직 남아 있는 날들을 바라보며,
느슨해진 몸과 마음을 추슬러
새해 맞을 준비를 해야겠다.

墨香에 젖다

추사선생의 서체에 마음을 빼앗겨 한동안 붓글씨 쓰기에 전념하던 때가 있다.
정성을 들여 먹을 갈고 다소곳이 앉아 한 자 한 자 써내려가던 붓글씨 공부를 2년여 만에 그만 접고 말았다.
서도(書道)란 부단한 자기수련과 인내가 없이는 이루어낼 수 없는 차원 높은 예술의 경지라는 것을 뒤늦게 깨달았기 때문이다.

9월 2일부터 9일까지 성남아트홀 전시실에서 추사체연구회 회원전이 열린다는 소식을 듣고 전시장을 찾아 갔다.
추사선생이 떠나신 지 162년이 지났지만, 추사선생의 글씨체를 흠모하고 계승 발전시키려는 후학들이 자신만의 독특한 서체를 선보이는 전시회다.

묵향에 젖어 드넓은 전시장을 느리게 돌아보며, 출품 작가들의 쉼 없는 열정을 가늠해 본다. 유독 필력이 느껴지고 마음이 가는 작품 앞에 서면 쉬이 걸음을 옮길 수가 없다.

옛 사람의 글씨체를 본받아 자기만의 새로운 예술세계를 완성해 가려는 사람들의 집념과 마주한 후 오래전 이루지 못한 채 중도에 포기하고만 붓글씨 쓰기가 못내 아쉬움으로 다가온다.

버려진 屛風

아파트 화단 옆에 세월흔적이 내려앉은 버려진 빛바랜 병풍이 여러 날
오가는 사람들 시선을 받고 있다.
다양한 서체로 꾸며진 8폭 병풍으로 충효를 道理로 여기며 살아가는데 교훈으로
삼을 좋은 문구들이 담겨있고, 먹물이 찰랑거리는 집주인이 썼다는 畵題와 낙관에 걸맞게 묵향이 묻어나는 작품이다.

주거환경이 단독에서 서구적인 아파트생활로 바뀌면서 신세대들이 구세대의 유물 같은 동양화나 서예작품에 관심을 보이지 않다보니 자연 시선 밖으로 밀려나는 안타까운 현실을 목격하게 되고, 옛 사람의 체취를 느낄 수 있는 가구나 古書畵를 유난히 좋아해 다수의 작품을 소장하고 있는 내가 느끼는 세대 간 문화적인 충격이 크게 다가올 수밖에 없다.

애석생활을 오랫동안 해오면서 자연스럽게 모여진 돌들이며, 내 생애 선명한 족적으로 자리매김되어 있는 소장품을 다행스럽게도 엄마의 취미생활을 이해하고 존중해주는 아들들이 간직하겠다는 의사를 밝히고는 있지만, 버려진 병풍을 보면서 한편으론 부담감을 안겨주는 것은 아닌가. 염려스러운 마음이다.

아무리 부모가 애지중지 하던 것일지라도 자신의 취향과 다르면 물려받지 않으려는 세태라서, 명쾌한 결론에 도달할 수 없는 여러 생각들로 아직 맞이하지 않은 미래 일까지 고심하다가, 살아오면서 내게 지펴준 열정과 감상의 즐거움을 안겨준 것으로 만족해야 한다는 해답을 얻었다.

한정된 삶의 길에 영원한 것은 없다.
엄마를 추억하며 소중하게 간직할 수 있도록 아들들에게 소장선택의 기회를 주기로 생각을 정리하니 한결 마음이 여유로워진다.

남편을 울린 아카시아 꽃

삼성병원 7층 입원실에서 바라보는 녹음우거진 창밖 오월의 숲에
무리지어 핀 아카시아 꽃이 하얀 이불을 펼쳐놓은 듯 바람에 일렁인다.

링겔대에 주렁주렁 매달린 주사액이 쉼 없이 혈관을 타고 흘러들고
여러 개의 삽입관을 가슴과 배에 꽂아 놓은 치유를 낙관할 수 없는 긴 투병 생활.

창을 통해서만 느낄 수 있는 계절의 변화. 바깥공기가 사뭇 그리워지는 봄날.
흔들리는 꽃물결을 하염없이 바라보던 남편이 나지막한 음성으로
"동구 밖 과수원길 아카시아 꽃이 활짝 폈네.
하얀 꽃 이파리 눈송이처럼 날리네."를 부르다가 어깨를 들썩이며 소리 없이
흐느낀다.

아카시아 하얀 꽃잎이 눈발처럼 흩날리던 옛 고향의 향수어린 정경들이
병상에 누워있는 자신의 처지와 겹쳐 시린 감성으로 돌아보는 삶의 뒤안길.
오직 신념으로 모진고통을 견뎌 내던 병중 남편을 울린 아카시아 꽃.
간병의 힘겨웠던 기억들 중에서도 속울음 삼키던 애상의 그날 일이 아카시아
꽃이 피는 계절이면 어김없이 아릿한 회상을 안겨줄 것 같다.

이 또한 지나가리라

불행은 예고가 없다.
건강하던 남편에게 갑자기 닥친 대수술의 위기.
중환자실과 병실을 번갈아 오르내리며
얼마나 놀란 가슴을 쓸어내렸던가.

절망과 희망이 교차하는 병상을 지키며
긴장감으로 버텨낸 4개월 동안의 간병생활.
보호자 1인 외엔 출입이 불가능한 한정된 공간에서 조차
상시 마스크를 써야하는 답답함까지 더해졌던
되돌아보고 싶지 않은 생애 가장 힘겨웠던 순간들
무시로 창밖을 바라보며 주문같이 되뇌던 "이 또한 지나가리라"

악몽 같은 고통을 애써 참아내던 남편이
진액의 뜨거운 눈물을 흘리며 애절하게 가슴으로 부르던
"어머니! 어머니!"
그리움으로 자리한 어머니란 이름
그 영원으로 이어진 가호에 힘입어
남편은 절망을 딛고 의연하게 일어나 눈부신 햇살과 마주했다.

삶의 길에서 맞닥뜨린 불행과 시련을 통해 돌아본 일상의 소중함.
내 집으로 돌아온 편안함이 남편의 잃어버린 기력을 회복하는
활력소가 되길 기원하며 오늘도 감사함으로 하루를 시작한다.

그날을 위해

남편이 퇴원한 지 한 달이 넘었다.
회복의 간절한 기원으로 보낸 날들이지만, 아직도 문밖출입이 자유롭지 않은 환자수발에만 집중하다 보니 엄두조차 낼 수 없는 나를 위한 시간들.

아파트를 내려와 구름다리만 건너면 되는 공원걷기마저도 짬을 내지 못하는데다 긴장감까지 더해진 일상의 권태로움이 갈수록 심신을 무겁게 짓누른다.
남편은 경영인으로 열심히 살아왔다.
그렇다한들 이제금 병상에 누워 돌아보는 인생행로에 어찌 아쉬움이 없겠는가.
잃어버린 건강을 되찾으면 남은 생은 하고 싶은 일 맘껏 하며 살자던 나와의 약속이 더딘 회복으로 기약 없이 미뤄지고 있다.

비온 뒤 더욱 간절해지는 숲의 흙냄새. 환자 혼자만 남겨둔 불안을 감수하며 내 잃어버린 시간들을 보상받기엔 턱없이 부족한 한 시간의 허락된 외출.
무한 갈증을 느껴오던 자유 함으로 공원의 숲길을 지나 호숫가 벤치에 앉았다.

하늘 높이 치솟는 분수대의 시원한 물줄기가 숨이 막힐 것 같은 가슴에 바람길을 낸다. 힘차게 오르내리며 흩어지는 물방울들. 올망졸망 새끼들을 거느리고 호수 위를 유영하는 오리가족의 움직임을 따라 시선을 보내던 한가함도 잠시. 7개월 가까이 실내에서만 지내는 남편은 바깥공기가 얼마나 그리울까.
스스로를 다독이며 겉으로 드러내지 않는 속내를 가늠하며 갑자기 마음이 조급해진다.

감당하지 못할 시련은 없다고 하지 않았던가.
살얼음판 같은 현실을 받아들이고 한발 한발 조심스럽게 내딛으며 우리의 약속이 앞당겨지는 그날을 위해 다시금 마음을 다잡아야겠다.

재활(再活)

남편이 걷기 운동을 시작했다.
대수술 후유증으로 15킬로나 빠진 체중이
느리게 회복되고 있지만
아직은 혼자서 앉고서는 일조차 힘겨운 상태다.

그런 남편을 조심스럽게 부축하여
근처 공원걷기를 하고 있는데
혹시라도 넘어지기라도 하면 큰일이다 싶어
한순간도 긴장감을 놓을 수가 없다.

햇살내린 벤치에 앉아 가쁜 숨을 고른다.
무성하던 잎들을 모두 떨구고
맨살을 드러낸 겨울나무들
가지에 달린 열매를 먹으려는
새들의 역동적인 몸짓에서 느끼는 생존의 순리
긴 시련의 날들이 이어지고 있지만
그럼에도 감사하지 않을 수 없는 지금이다.

새해는 남편이 자신의 의지와는 무관하게
찾아온 병고에서 벗어나고
간병에 전념하느라 멈춰진
나의 일상이 제자리를 찾았으면 좋겠다.

가을 단상(斷想)

일 년 가까이 두문불출
자유로워지고 싶은 본능을 억누르며
간병에만 매달려온 날들.

당연한 일이라 생각했던 고통분담
심중에 새기던 극기명의 교훈마저도
창밖 풍성한 결실을 자랑하는
가을나무의 그 당당함 앞에 서면
내 잃어버린 시간들에 대한
아쉬운 허탈감이 밀려온다.

절망의 수렁에서 벗어나
서서히 회복 중에 있으므로
내 짐의 무게도 한결 가벼워졌고
힘겨웠던 날들이 그냥 허투루
흘러간 것은 아니건만

이 가을 나를 가둔 굴레에서
잠시라도 벗어나고 싶은
일상탈출의 부질없는 마음앓이를
계절 탓으로 돌려야 할까.

치유(治癒)

쌓인 피로를 해소할 용기 있는 결단이 필요했다. 근심을 떨쳐버리고 온전한 해방감을 느낄 수 있는 탐석 길에 오른다.

인제 내린천 살구미 돌밭은 지난여름 홍수로 두터운 모래더미 속에 묻혀 흔적 없이 사라졌다가 다시 본래의 모습으로 돌아오고 있는데 그 많은 모래를 밀어낸 자연의 순환이 경이롭다.

몰입으로 시름을 잊는 탐석은 마음을 치유해주는 위력(偉力)이 있다.
그동안 감당하기에 힘겨운 날들을 보내왔는데 얼음장 사이로 흘러가는 강물소리에 답답한 가슴이 뚫리고 고통 없는 삶이란 없다며 등을 토닥이듯 위로 해주는 세찬 바람소리에 다시 힘을 얻는다.

자연은 무언의 스승이다.
사라진 돌밭이 본래의 모습으로 돌아오고 있듯이 새롭게 맞이한 돌밭을 걸으며 의미 있는 사색으로 마음의 자유를 누린다.

어둠이 없으면 빛의 고마움을 어찌 알겠는가.
시련의 시간이 흐른 뒤 감사함으로 맞이하게 될 그 약속 같은 평안을
자연이 내게 일깨워준 선물 같은 하루였다.

본연의 자리로

이 가을. 인생길 동반자인 남편이 돌아올 수 없는 먼 길을 떠났다.
어떤 위로로도 채워지지 않는 그의 빈자리. 生과 死의 섭리를 겸허히 받아들이고 의연하게 홀로서기를 하겠다는 다짐에도 덩그러니 혼자 남겨진 적막감을 주체할 수가 없다.

긴 간병생활에 그리도 간절했던 자유로움이건만 이제금 내게 온전히 허락된 무한시간들 속에서 무엇을 어떻게 해야 할지도 모르겠고, 그가 좋아하던 음식 앞에 앉거나, 망연히 창밖을 바라보다가 만날 수 없다는 아득함에 와락 눈물이 흐르는 상실감에 젖어 있다.

이제는 그리움으로 자리한 그의 부재를 받아들이고 자유로워지고 싶다.
"누구나 혼자이지 않은 사람은 없다."고 했듯이 어차피 인생은 홀로 가는 길.
부질없는 허무에서 벗어나 본연의 자리로 돌아가길 그도 하늘나라에서 응원하고 있을 것이기에,
오랫동안 닫아놓아 발길이 끊긴 블로그 창을 다시 연다.

우리 언제 다시 만나나

불꽃으로 사른 存在의 흔적
무채색 연기되어 흩어진 虛空
깃털처럼 날리던 낙엽 춤사위
고통에서 벗어난 당신몸짓 같아
속울음 삼키던 애달픈 離別

순리에 기댄 生의 끝자락
다음 生도 만나고 싶다고
비감에 젖어 건네던
耳鳴처럼 귓가 맴도는
"우리 언제 다시 만나나"

떠난 뒤 더욱 그리운 당신
함께 걸어온 인생길 행복했다고.
묵묵히 배려해준 外助 고마웠다고.
빈자리 시린 바람 이는 가을날
전할 수 없어
홀로 되뇌는 思慕의 情

약 속(約束)

한생을 살고도 사랑하고픈 사람아
마주잡은 손 놓아버린 이별 뒤
사무친 그리움 눈시울 적셔도
다음생도 만나자던 그 약속
그대 무구한 사랑 생각하며 살게요.

서로를 의지하며 걸어온 인생길
홀로 남겨진 외로움 가슴 아파도
세상 살다간 그대 신실한 모습
사는 날 동안 나 잊지 않고
그대 만날 그날 기다리며 살게요.

세월의 강 굽이굽이 흘러
그대 있는 곳에 나 가게 되면
내 눈물 닦아줄 그대 만나겠지요.
그때 정말 보고 싶었다고
이젠 헤어지지 말자고 말할게요.

회상(回想)

둘이 걸었던 공원을 혼자 걷고 있습니다. 계절의 쓸쓸함보다 더한 고적감이 밀려옵니다.
입원과 퇴원을 반복하며 지칠 대로 지친 심신의 재활을 위해 날마다 걷기운동을 하던 곳이라 눈길 닿는 데마다 당신모습이 어른거립니다.

광장을 지나 호숫가에 서니 당신이 더욱 생각납니다.
분수대 물소리가 요란한 호숫가 난간에 기대어 부르던 "오 솔레미오(Oh Sole mio)." 보리수나무가 건너다보이는 벤치에 앉으면 어김없이 부르던 '보리수'도 생생하게 들려옵니다. 그때만 해도 극복할 수 있을 것이란 희망의 끈을 놓지 않았기에 우리 이별이 그리 가까이 와 있을 줄 몰랐습니다.

나란히 앉았던 벤치에 혼자 앉아 있습니다.
휑하게 비어있는 옆자리가 인생의 덧없음을 새삼 느끼게 합니다.
걷다가 힘들면 벤치에 기대 가쁜 호흡을 가다듬던 쇠잔한 모습이며, 회복의 간절함으로 한발 한발 조심스럽게 옮기던 지상에서의 마지막 몸짓들이 떠올라 가슴이 먹먹해 집니다.

생각에 잠겨 어둠이 내리는 줄도 몰랐습니다.
집으로 향하는 길 가로등 불빛아래 놓인 벤치마다 지친 걸음을 쉬던 당신이 보입니다. 그토록 생의 의지를 지피던 곳이라 돌아보며 기어이 눈물을 흘리고 말았던 지난번 같진 않지만, 아프게 되살아나는 기억들을 담담이 넘기기엔 아직 시간이 더 필요할 것 같습니다.

언제가 될지 모르지만 이별도 삶의 한 부분으로 자연스럽게 받아들여질 때 다시 공원에 와서, 오늘처럼 그리움이 배어나는 벤치에 앉아 당신을 생각하겠습니다.
고통의 짐을 나눠지던 그때가 그래도 행복했다고….

그냥 그렇게

이제 그만 그리워하자
이제 그만 아파하자
머물다간 바람처럼
밀려간 파도처럼
흘러간 것은 흘러간 대로
그냥 그렇게 흘러가게 놓아두자

햇살이 걷어낸 어둠처럼
머뭇거리지 말고
아쉬워 돌아보지 말고
세월의 지우개로
지워야할 것은 지워지게
그냥 그렇게 지워지게 놓아두자

꽃이 피고 지듯
사랑하고 이별하며
흘러가는 인생
추억의 갈피에 새긴
미련에 눈물짓지 말고
멀어진 것은 멀어진 대로
그냥 그렇게 멀어지게 놓아두자

그리운 사람아

사무치게 그리워질 걸 알면서도
이별했던 사람아
얼마나 더 아프고 아파야 그댈 잊을 수 있을까.

눈길 머무는 곳마다 그대 흔적들
보고픈 마음 너무 깊어
얼마나 더 세월 흘러야 그댈 놓아버릴 수 있을까.

꽃 길

그대와 걸었던 산책길에
진달래. 개나리. 벚꽃이
흐드러지게 피었습니다.

새 생명의 환희가 출렁이는 봄날
자연의 섭리에 감탄하던
그대를 여의고 홀로 걷는 꽃길

봄은 다시 왔건만
돌아올 수 없는 그대 생각에
가슴시린 봄날입니다.

미망(未忘)

가을비 내리는 길을 걷는다.
보도에 떨어진 노란은행잎이
작별의 입맞춤 같은 비에 젖고 있다.
자연의 순환에 맡긴 생의 처연한 마감이
왜 이리 아릿하게 다가오는지.

그가 홀연 떠난 뒤
나를 가두는 한 생각에서 벗어나려고
무던히 군중 속으로 파고들었던 날들이건만
무엇으로도 채워지지 않는 빈자리

세월도 어쩌지 못할 여전한 그리움
허무가 빗물처럼 고이는 걸음마다
따라오듯 들리는 그의 음성이
이제 그만 단단해지라고
혼자 걷는 미망의 고독을 다독인다.

독백(獨白)

살면서 상처입지 않은 사람이 있을까.
살면서 후회하지 않는 사람이 있을까.
살면서 아프지 않은 이별이 있을까.
살면서 그리운 사람 없는 이가 있을까.

상처입고
후회하고
이별하고
그리워하는…

인생이란 바다가 일으키는
삶의 변주곡(變奏曲)이 아닐까.

가을 여행

속리산 만수계곡 청정한 가을 숲에서 한낮을 보냈다.
계곡을 흐르는 맑은 물소리 새소리
나뭇가지를 흔들고 지나는 바람소리를 들으며
숲의 일부가 된 지금이라는 시간이 그지없이 감사했다.

나의 가을은 어떤 빛깔일까.
곱게 물든 단풍을 보면서 지나온 걸음을 돌아본다.
허락된 날들 최선을 다했지만 여전히 아쉬움이 남는다.
내 인생의 가을도 저리 아름답게 물들었으면 좋겠다.

이뤄진 꿈

나는 백청강의 열성팬이다.

가슴을 울리는 짙은 호소력의 목소리에 매료되어 그의 노래를 좋아하게 되었고, 연길의 조선족으로 어려운 환경 속에서도 꿈을 이루려는 절박함을 보면서, 적극 그를 지지하게 되었다.

그가 위대한 탄생에 출연할 때 한 회도 거르지 않고 꿈을 이룰 수 있도록 응원했고,
위대한 탄생의 주인공이 되는 현장을 지켜보며 기뻐했던 사람이다.

이번에 발간한 3번 째 수필집에 「이뤄진 꿈」이라는 그에 대한 글이 들어 있어, 책을 그에게 보내주긴 했어도 그를 만나거나 통화한 일은 한 번도 없다.

마침 지인과 저녁약속이 있어 그의 부모님이 운영하는 음식점에서 만나기로 했다.
내가 그의 팬이라는 것을 알리지 않고 저녁을 먹고 나오면서 그의 안부를 물었더니,
곧 도착할거라고 했다.

잠시 후 그가 들어왔다. 내 이름을 말하자 보낸 책을 잘 읽었다며 고마운 마음을 전한다.
드러내지 않고 먼발치에서 그가 잘 되기를 마음으로 응원하고 있었는데, 전혀 예기치 않은
만남이라 무척 반가웠다.

열정과 투지로 이룬 코리언드림의 성공적인 스토리 주인공답게, 그가 꿈꿔온 미래가 더욱 빛나기를 바라는 마음이다.

후 유 증

한민족수석회 창립 10주년 기념전시회가 세찬 장맛비가 내리는 날씨에도 전국에서 찾아주신 애석인. 관람객들의 호응 속에 성황리에 마쳤다.

문화란 이러한 간단없는 행위를 통해 발전을 거듭하는 것이기에 최선을 다하겠다는 다짐으로 전시장을 지켰고 보람을 느낀 날들이었지만, 전시기간 내내 한복을 입고 관람객을 맞이하는 일은 나이 들어가는 내겐 쉬운 일이 아니었다.

전시작품을 일일이 포장해 전시장으로 가져가던 날도, 전시를 마치고 철수하는 날도 억수같이 퍼붓는 장대비로 몸과 마음이 젖는 고생을 했다. 매일 집과 전시장을 오가는 불편을 줄이기 위해 전시기간동안 근처 호텔에서 묵었는데도 쌓인 피로감의 후유증이 만만치가 않다. 긴장감이 풀리니 무력감에 손 하나 까닥하기가 싫어진다.

집으로 옮겨 늘어놓은 짐들도 며칠 동안 풀지 못 하고 바라만 보다가 이제야 제자리 정리를 하고 있다. 일일이 내 손길이 닿아야 하는 작업들이니 도움을 청할 수도 없는 일이다.

매사에 때가 있다고 했다.
등 떠밀려 창립회장으로 10년을 회원들과 함께해 왔는데, 즐거운 마음으로 하던 일들이 점점 힘겹게 느껴지고 벌써부터 다음 전시회가 부담으로 다가온다.
이제 모든 걸 내려놓고 가벼워질 때가 된 것 같다.

대왕펄 戀歌

내 고향 부여 왕포리 대왕펄
금강 물줄기 변하기 전
아스라이 흘러간 어느 세월
임금님이 유락(遊樂)하던 대왕포
옛 이야기 지문처럼 어린 드넓은 평야

강 건너 외갓집으로 가는 황바우 나루터
둑방 너머 아버지가 일구던 땅콩 밭
조개 잡는 엄마를 기다리던 백사장에서
모래성 쌓으며 놀던 어릴 적 동무들
미망으로 가슴시린 먼먼 날의 기억들

아지랑이 피는 봄날
대왕펄 초록의 바다에
파도같이 일렁이던 보랏빛 자운영 꽃물결
나물캐던 소녀의 여린 감성을 흔들어
막연한 동경과 설렘을 안겨주던
푸르고 푸르른 날의 회상(回想)

내 정서를 가꿔 문학의 길로 이끈
수채화처럼 아름답던 너른 들판이
이제는 수박산지로 이름나 있는
영원한 그리움
무지갯빛 꿈의 본향(本鄕)
내 고향 부여 왕포리 대왕펄

아! 옛날이여

아카시아 꽃이 피는 봄이면 신열처럼 도지는 향수앓이를 한다.
부모님이 잠들어계시고 성장기의 숱한 기억들이 파노라마처럼 펼쳐지는 고향엔 반겨줄 사람 하나 없지만 이봄 마음이 시키는 대로 나선 추억여행길이다.

논산까지는 기차로 다시 버스를 갈아타고 부여 능산리에 있는 부모님산소에 오른다. 오월의 숲에서 들려오는 뻐꾸기소리. 지천으로 피어있는 야생화들이 어서 오라 손짓하던 생전모습처럼 나를 반긴다. 싱그러운 봄 햇살이 따스하게 묘역에 내린다. 먹먹하게 쌓인 그리움을 독백으로 풀어낸 후 지난날 엄마와 아버지산소에 오가던 그 길을 따라 걷는다.

한 시간 남짓 거리인 고향집까지 가는 동안 산천은 달라진 게 없지만 잠재된 기억 속 마을들이 옛 모습을 가늠하기 어렵게 변해있어 "그리운 고향에 찾아와도 옛 고향이 아니로다."라는 노래 가사처럼 생소하게 느껴졌다. 사람이 살지 않아 스산한 폐가가 되어버린 고향집도 주렁주렁 핀 불두화가 빈집 마당을 지키고, 뒤란의 감나무. 앵두나무가 단란했던 지난기억들을 소환하며 부질없는 감회와 허무에 젖게 한다.

다시 그토록 가보고 싶었던 재 넘어 중정리 대왕펄로 향했다.
엄마가 새벽마다 어두운 밤성골 고갯길을 넘어 다니시던 교회당은 그대로지만, 강산이 여러 번 변하는 세월이 여기라고 비껴가지 않아 모든 것이 낯설었다.

자운영 꽃이 융단처럼 깔리고 청보리가 물결처럼 흔들리던 유년의 추억이 어린 대왕펄 드넓은 들녘도 헤아릴 수 없이 많은 비닐하우스들로 하얀 바다 같이 눈이 부셨고, 수박산지가 된 명성에 걸맞게 하우스 안에선 수박들이 배를 깔고 튼실하게 자라고 있다.
홍수를 막아주고 방풍막이 되어주던 산처럼 높아 보였던 제방언덕에 올라 탁 트인 사면을 바라본다. 외갓집으로 가던 황바우 나루터도 발길이 끊긴지 오래고, 아버지가 일구던 백사장 땅콩 밭도 기억저편으로 사라진 지금은 환경보호지역이 되어 끝없이 펼쳐있는 초원너머로 백마강만이 옛날처럼 유유히 흘러가고 있다.

변한 것이 어디 고향뿐이랴. 머리에 하얀 서리가 내린 노년에 꿈을 키워주던 들녘을 찾아와 명치끝이 아리는 회상에 젖는 나도 언젠가는 무심한 세월에 밀려가고 없겠지. 석양 무렵 다시 그리움으로 자리할 추억여행을 마치고, 녹녹한 걸음으로 귀경기차에 오른다.

돌이 뭐길래

내 어쩌다 이순을 훌쩍 넘긴 여인의 몸으로 벌건 대낮에 남의 집 담을 다 넘게 되었을까.

사반세기가 넘는 세월동안 돌을 수집하여 즐기는 취미생활을 해 오면서 항상 새로운 돌에 대한 갈증을 느끼게 되니, 깊은 병에 걸렸다는 뜻인 고황이란 말로 애석생활에 빠진 자신의 처지를 나타낸 옛 사람과 오늘의 내가 무에 다르랴.

버려진 돌을 찾아 나섰던 나의 이야기를 듣던 남편은 박장대소 이라크전쟁 중 포로가 된 라이언 일병 구출작전이 연상된다며, 그깟 돌이 뭐 길래 폐가의 담까지 넘어갔느냐며 동정어린 눈빛에 더하여 혀까지 끌끌 찬다.

단독에서 아파트로 이사 오면서 운반하기에 버거워 전에 살던 집 마당에 돌을 놓고 왔다는 그녀의 말은. 돌이야기면 나오면 당나귀 귀가 되는 내 귀만 번쩍 뜨이게 한 것이 아니라 마음까지 들뜨게 했다.

애석인이라면 누구나 탐을 내는 귀한 초콜릿 석(石)에 물까지 고인다니 어찌 호기심이 발동하지 않겠는가. 게다가 재개발 지구로 불원 아파트 건설이 시작되면 불도저에 밀려 영영 땅속에 묻힐지도 모른다는 생각에 이르자 화급을 다투는 조급증마저 일었다.

소뿔도 단김에 빼랬다고 미룰 일이 아니었다. 무작정 상도동 가파른 언덕배기에 있는 그녀의 빈집을 찾아갔다. 자동차들이 질주하는 저 밑 도로와는 사뭇 다르게 인기척이 끊긴 마을은 대문기둥에 박혀 있는 문패만이 사람이 살았던 흔적을 느끼게 할뿐 대낮인데도 무거운 정적에 쌓여 있다.

깨어진 유리창. 하늘이 훤히 보이는 반쯤 무너져 내린 천장. 사람의 왕래를 막기 위한 개발사업자의 속내가 드러나 보이는 보기 민망한 흉가였다. 빗살대문 사이로 보이는 집안의 풍경은 을씨년스럽다 못해 복중인데도 한기마저 들었다.

내 아무리 돌을 좋아하기로 동행자도 없이 이런 폐가에 어찌 들어간단 말인가. 그러나 그런 망설임도 잠시, 밤도 아닌 대낮인데 무슨 일이야 있겠냐 싶었다.

문을 열려고 하자 대문은 끄떡도 않았다. 안에서 단단하게 빗장을 채우고 잠금장치 상태로 개폐기의 전깃줄을 끊어 놓은 것이 보였다. 이대로 돌아선다면 두고두고 미련이 남을 일이 아닌가. 발목을 잡힌 내 마음은 어느새 담 안으로 달려가고 있었다.

만약을 위해 그녀가 일러 준대로 아직 마을을 떠나지 않고 있다는 동네 노인을 찾아갔다. 노인은 그렇지 않아도 전화를 받아둔 터라며 낡은 나무사다리를 들고 와서 금시라도 무너져 내릴 것 같은 블록 담에 기대놓으며 잡아줄 테니 넘어가라고 한다. 그때 갑자기 나타난 한 무리의 말벌 떼가 윙윙거리며 날아다녔다. 노인은 담장 틈새에 매달린 대접만한 벌집을 가리키며 건드리지 않으면 괜찮다며 안심시킨다.

용기가 나질 않아 머뭇거리자 노인은 사다리를 타고 먼저 담을 넘더니, 버려진 헌 가구를 들어다 디딤대까지 만들어주며 나의 월담을 도왔다. 어수선한 뒤란의 무성한 잡초 숲에서 금방이라도 뱀이 기어 나올 것만 같다. 잔뜩 겁먹을 표정을 본 노인은 나무토막으로 풀을 헤쳐 길까지 내주며 돌이 있다는 앞마당으로 안내한다.

그녀가 말하던 그 돌은 집안 어디에도 없었다. 어느 눈썰미 밝은 사람 손에 들려 오래전 그곳을 떠났다는 것을 녹슨 대문이 보여줬다. 아뿔싸. 잔득 기대감에 부풀어 있던 나는 못내 아쉬운 마음으로 허망한 발길을 돌려야만했다.

버려진 돌 구하기에 나섰던 여름 한낮, 나의 못 말리는 돌에 대한 열정은 그렇게 맥없이 사그라지고 말았지만, 이따금 인연 따라 자리를 옮겨간 그 호수석의 안부가 궁금해지는 것은 어인 심사일까.

얼굴 돌

이른 새벽에 배낭을 꾸린다. 임진강 '얼굴 돌'에 빠져 일주일이 멀다 하고 탐석 길에 나서는 나를 남편은 이해할 수 없다는 표정이다. 삼복더위에 그늘 한 점 없는 돌밭을 헤매고 다니다니, 혹시 여성이기를 포기한 것 아니냐는 눈치다. 만일 누가 시키는 일이라면 엄두조차 못 낼 것이지만, 내가 좋아서 그러니 숨이 턱까지 차오르는 돌밭의 강한 자외선도 아랑곳하지 않는다. 그뿐인가. 그리운 사람을 만나러 가듯, 새로운 돌과의 만남을 생각하며 설레는 마음을 남편이 어찌 알겠는가.

지난 6월. 서울시청 갤러리에서 수석의 새로운 장르를 선보인 예술수석전시회가 열렸다. 참여의 기회를 얻게 된 나는 그곳에 출품된 지금껏 관심 밖이었던 임진강의 호박석에 매료되고 말았다. 한국인의 정서에 어울리는 황토 빛의 친근함에 더하여 추상적 이미지를 담고 있는 다양한 형태의 얼굴 돌들은 끌림 이상의 강한 홀림으로 단번에 마음을 사로잡았다.

애석생활의 즐거움은 단연 탐석이다. 수몰되기 전 수석의 보고(寶庫)였던 남한강 돌밭을 수없이 찾아다녔었다. 댐 공사로 돌밭이 물속에 잠긴 뒤로는 한탄강이나 임진강의 돌밭에서 아쉬운 마음을 달래곤 했다. 더러 빼어난 명품 돌들이 나오던 곳이었지만, 산수경석을 선호하던 시절인데다 매번 아쉽게 돌아서던 기억들이 남아있던 돌밭이라 한동안 잊고 지냈다.

임진강은 북한에서 발원하여 강의 허리를 군사분계선이 지나고, 철원을 거쳐 민족의 한을 싣고, 굽이굽이 휘돌아 한강으로 흘러간다. 전략적 요충지이며 천혜의 방어선이었던 임진강은 삼국시대부터 한국전쟁에 이르기까지 맹렬한 전투가 벌어졌던 비극의 현장이다. 한국전쟁 당시 죽고 죽이는 전장에서 임진강으로 진격해오는 중공군과 맞서 싸우다 수많은 참전 유엔군이 전사했으며, 그 강변에서 스러져간 한국군의 희생은 또 얼마였던가. 남과 북으로 나뉘어 휴전이 된 후에도 임진강을 건너 침투해오는 무장공비 소탕 임무를 수행하다 많은 장병들이 목숨을 잃은 통한의 강이다. 가끔 탐석하던 중에 망자를 화장해 그 강변에서 흘려보내는 장면을 목격하게 되니 죽음과 연관된 임진강의 슬픈 전설이 지금까지도 이어지고 있다.

그 임진강에서 다른 강변의 돌밭과는 달리 놀라울 정도로 많은 얼굴 돌들이 탐석되고 있다. 삶의 희로애락이 그대로 드러나 있는 얼굴 돌과 어렵지 않게 만남이 이루어지고, 임진강에서 나온 얼굴 돌 108개로 전시회를 준비하고 있는 애석인까지 있다 보니, 나 또한 돌밭으로 향하는 발걸음을 멈출 수가 없다. 그동안 탐석된 얼굴 돌들만 어림잡아 수백 점에 이른다니, 이런 불가사의한 현상을 어떻게 이해해야 할지.

그간 나와 인연이 닿은 얼굴 돌들 중에는 표현주의 작가 '뭉크'의 그림 절규하는 사람처럼 입을 크게 벌리고 비명을 지르는 모습. 참전 유엔군을 연상하게 되는 오뚝한 콧날의 백인 모습. 전투를 지휘 호령한 수장같이 다부진 모습. 적의 흉탄에 눈이나 코가 함몰된 전사자가 연상되는 모습에 이르기까지. 전장의 극한 상황에서 겪었을 공포. 분노. 슬픔. 고통. 같은 감정들이 얼굴 돌에 그대로 스며있는 것 같다. 그러다 보니 수많은 사람이 희생된 임진강 돌밭이 예사롭지 않은 곳임을 후세 사람들에게 알리기 위한 자연의 섭리가 아닌가 하는 생각까지 든다.

그렇다고 꼭 비장한 모습만 있는 것은 아니다. 파안대소나. 어린아이. 이야깃거리가 담겨진 익살스럽고 해학적인 형상을 한 얼굴 돌들도 있다. 그런데도 왠지 전장의 아릿한 비애가 느껴지는 건 왜일까.

오랜 세월을 지나오는 동안 강의 지형이나 유속. 그곳에만 있는 돌의 특성이 만들어 내는 자연현상인 신비를 임진강 질곡의 역사와 결부시켜 유추하는 것은 어쩜 부질없는 나만의 상상인가. 임진강의 얼굴 돌들에 배어있는 감정을 통해 전장의 참상을 가늠해보고, 그들의 안타까운 죽음을 떠올려보는 것은 애석생활이 부여해주는 의미 있는 사색이 아닐는지.

한낮. 돌들의 타는 갈증을 풀어주는 소나기가 한차례 흩뿌리고 지난다. 비에 젖어 생기롭게 변한 돌밭을 무심으로 거닐고 있는 나에게 "그대가 누리는 평안이 어떤 희생의 결과인지 결코 잊지 말라고." 돌이 말을 걸어온다.

눈을 들어 슬픈 역사를 간직한 채 무심히 흘러가는 강물을 바라본다. 며칠 전 소복한 여인이 화장한 고인을 떠나보내며 비통하게 울부짖던 곡소리와 함께, 내가 서있는 이 강변에서 고귀한 생을 마친 전사자들의 외침이 환청처럼 귓가를 맴돈다.

수석(壽石)의 언어로 풀어낸 교향곡

오양수
(시인 · 문학평론가)

권영자 수필은 수석의 언어로 풀어낸 교향곡이다.
빠르고 활발한 생기 있는 비바체의 선율이 고스란히 담겨 있다. 어쩌면 식탐보다 강한 탐석인이요. 애석인의 감수성으로 짚어낸 금맥이다. 색성향미촉법을 일깨우는 예술이다. 권 수필가는 수석들의 하소연을 차분하게 들어준 것이다. 수수만년 평지풍파를 견뎌낸 먹빛 응어리나 색채 그리고 무늬를 심중에 들앉힌 글월이다.
그러기에 권 수필가의 작품은 사실적이며 생동감이 흐르고 긴장감이 있어 우리네 오금을 저리게 하고 입술 바싹 타들어가게 한다. 조금씩 아주 조금씩 우리네 걸음걸이의 빠르기로 삶의 맥을 짚어낸 작품이기에 더욱 의미심장한 울림이다. 수필작품 속의 글자 한 자 한 자 그 모두가 권수필가의 애완수석들이기에 희로애락의 지문으로 꼭꼭 짚어 읽어내야 할 것만 같다. 삶의 본성을 가늠 하는 시금석이기 때문이다. 의도된 고독 혹은 침묵의 외침을 교향곡으로 풀어낸 뛰어난 작품이다.

광맥(금맥. 인맥. 문맥)을 발굴한 탐석가로서의 열정

권영자 수필 속에는 교향곡이 흐른다. 권영자교향악단의 연출이다. 권 수필가가 지휘를 맡고 그녀가 발굴한 수석들이 연주를 맡는다. 즉 수필 속 한 자 한 자는 딴 이름 같은 소리 내는 수석으로서 결이 곱고 단아하며 위풍당당한 교향곡을 빚어내는 애석들의 향연인 것이다. 권수필가의 지휘와 수석의 언어로 풀어낸 교향곡이 곧 권수필가의 수필인 것이다. 권수필가가 발굴한 수석 하나하나의 숨은 이야기를 만인의 공통언어로 음악을 풀어낸 것이리라.

이른 새벽에 배낭을 꾸린다. 임진강 '얼굴 돌'에 빠져 일주일이 멀다하고 탐석 길에 나서는 나를 남편은 이해할 수 없다는 표정이다. 삼복더위에 그늘 한 점 없는 돌밭을 헤매고 다니다니, 혹시 여성이기를 포기한 것 아니냐는 눈치다. 만일 누가 시키는 일이라면 엄두조차 못 낼 것이지만, 내가 좋아서 그러니 숨이 턱까지 차오르는 돌밭의 강한 자외선도 아랑곳 하지 않는다. 그리운 사람을 만나러 가듯, 새로운 돌과의 만남을 생각하며 설레는 마음을 남편이 어찌 알겠는가. (중략) 애석생활의 즐거움은 단연 탐석이다. 수몰되기 전 수석의 보고였던 남한강 돌밭을 수없이 찾아다녔었다. 댐 공사로 돌밭이 물속에 잠긴 뒤로는 한탄강이나 임진강의 돌밭에서 아쉬운 마음을 달래곤 했다. 더러 빼어난 명품 돌들이 나오던 곳이었지만, 산수경석을 선호하던 시절인 데다 매번 아쉽게 돌아서던 기억들이 남아있던 돌밭이라 한동안 잊고 지냈다. (중략)

한낮, 돌들의 타는 갈증을 풀어주는 소나기가 한차례 흩뿌리고 지난다. "그대가 누리는 평안이 어떤 희생의 결과인지 결코 잊지 말라."고. 눈을 들어 슬픈 역사를 간직한 채 무심히 흘러가는 강물을 바라본다. 며칠 전 소복한 여인이 화장한 고인을 떠나보내며 비통하게 울부짖던 곡소리와 함께, 내가 서 있는 이 강변에서 고귀한 생을 바친 전사자들의 외침이 환청처럼 귓가를 맴돈다.

★ 돌이 전하는 말. 얼굴 돌 ★ 일부

권수필가의 일상은 탐석생활을 통하여 역사와 삶의 문맥을 짚어내고 그 문맥으로 인맥을 쌓고 그 인맥으로 금맥을 홀린다는 점이다. 혼자가 아니다. 이해심 깊은 남편과 그 가족들이 있었고, 수석동호인이 있으며 특히 띠 동갑내기 애석친구가 있다. 빼놓을 수 없는 것은 천일야화 속의 세헤라자데 같은 수석이 곁을 지켜주는, 그들의 숨은 이야기를 음악으로 들려주는 교향곡 연주자인 수석들을 곁에 두고 있다는 행운이다. 지휘봉만 휘두르면 원하는 음악을 들을 수 있는 인생살이의 금맥을 찾은 것이다. 돌이 전하는 말이다. "그대가 누리는 평안이 어떤 희생의 결과인지 결코 잊지 말라."고 아마도 뭉크 얼굴을 한 수석이 한껏 기교를 부려 첼로 카덴차를 날린 것이리라. 그렇다. 희생 없이 금맥 인맥 문맥을 어찌 발굴하랴. 권영자 교향악단장에게 커튼콜의 우렁찬 박수를 보내야만 한다.

권수필가는 돌과 한 생애를 동사섭(同事攝)하고 있다. 즉 그들과 길흉화복을 같이하며 자연의 섭리와 인생살이의 가치를 이끌어 내려는데 그 숨은 의도가 있다고 본다.
여성으로서 애석생활을 해온 그루갈이 여정엔 천둥번개도 지나가고 눈비가 동행해 주었으며 풍랑도 일렁이는 우여곡절이 어찌 없었으랴. '돌과 바람난 여자'라는 해학적 뒷얘기가 권수필가에겐 여자로서의 한 생을 전환시키는 구루갈이 동기가 되었을 것이다. 이미자 가수가 "노래는 나의 인생"이라 했다면 권영자 수필가는 "탐석은 나의 인생"이라고 해야 할 것만 같다. 부여 백마강에 유년의 추억을 남겨두고 '가지 못한 길'로 나 있는 이정표의 푯말을 꿈속에 꽂아 둔 채. 20대 초반에 결혼, 주부로서 애석인의 길을 걸어 온 것이다. 인생살이 그루갈이를 꿈꾸다가 수석과 바람을 피운 것이리라. 주부로서의 수석생활은 포르투갈의 항해사 마젤란의 그것과 닮아 있다. 금맥을 찾아 새로운 항로를 개척하며 겪어야했던 역경은 이윽고 최초 세계항로를 개척해 낸 것처럼 말이다. 금광을 발견하는 것보다 세계항로 개척이 그 기쁨이었듯이 권수필가는 탐석인과 애석인의 길을 묵묵히 가는 사색인으로서의 한 생을 풍요롭게 사는 또 하나의 금맥을 찾은 것이다. 여인으로서 애석생활은 우리네 인생살이에 금맥을 발굴하는 것 이상의 가치가 있음을 시사하고 있다.

』구름과 향기 개인수석전시회와 기념석보를 발간하고, 한민족수석회 창립회장으로 활동하고 있는 애석인이요, 여류수필가로 온 세상 캠퍼스에 팽팽한 보이지 않는 획을 그은 것이다. 그가 사랑하는 돌들에게 은밀한 공간인 침실까지 내어주어 동거하고 있다는 애석생활은 권영자교향곡 제2악장 안단테 안단티노템포의 선율로 절절이 흐르고 있다.

유럽 초기교향곡의 형식미는 3악장 빠르게-느리게-빠르게 형식이었으나.
권영자교향곡은 조금씩-아주-조금씩 형식미와 균형미로 구성되어 있다.

그날이 그날 같은 일상에서 바람 같은 자유와 설렘을 안겨주는 탐석을 나는 애석생활의 백미라고 꼽고 있다. 그러나 여자 혼자서 강이나 바다의 돌밭을 찾아나서는 일이 쉽지 않아서. 탐석 길에 동행할 수 있는 같은 처지의 여성 애석인이 한두 명 있었으면 하는 마음이 간절했었다. 그런 오랜 소망이 이루어진 요즘. 그간의 아쉬움을 넉넉히 보상받는다 싶게 자주 돌밭을 찾아가 자연과 교감을 나누고 있다. (중략)
우리는 지나치다 싶게 돌을 좋아하는 것이며 적극적인 성격까지 빼닮았다. 우열을 가리기 어려운 탐석열정은 일단 정해진 날짜를 바꾸거나 미루는 일이 없다. 여름 한 낮의 뙤약볕도 겁내지 않으며, 억수같이 비가 쏟아져도 일단 출발을 강행한다. 비가 내리면 비옷을 입으면 되고, 비 맞은 돌이 더 예뻐 보인다며 너스레를 떠는 자칭 돌에 미친 여인들이다. 한 번도 낭패를 당하거나 헛수고 한 일은 아직 없었다.

자연형태의 미완의 돌. 한쪽 눈이 없는 외눈박이. 생략된 선과 면이 우리의 감성에 와 닿는 묘한 울림이 조금씩 느껴지고, 단순히 자연의 무엇 무엇을 닮았다고 하는 발견의 미학적 수석에서 한 단계 다른 세계를 넘나드는 기분이다. 마치 실경의 풍경화를 수집하거나 강력한 색채와 선이 굵은 인상파의 기발한 추상화를 접하게 되었거나, 허클베리 핀의 모험을 떠나는 것 같은 흥분되는 설렘이 있다. 이렇게 새롭고 이상적인 아름다움을 만나게 되는 추상석의 세계. 이 새로운 장르에

접근해 가는 일은 무한한 상상력을 요하는 예술의 경지이지만, 기꺼이 다시 초보가 된다는 즐거움으로 조금씩 안목을 키워가고 있는 중이다. 임진강 돌밭에서 시간의 흐름을 잊은 채 수많은 돌들과 눈 맞춤하며, 땅을 파서 묻혀있는 돌을 뒤집어보고, 들었다 놓기를 수십 수백 번, 끊임없이 반복하는 중노동이지만 피곤을 느끼기는커녕 돌밭에서 머무는 하루해는 짧기만 하다.

★ 다시 초보가 되는 즐거움 ★ 일부.

임진강 돌밭에서 탐석삼매경에 빠진 두 여인. 돌의 내면을 드러내 보이는 추상석의 매력에 홀린 그녀. 한 점의 돌에서 여러 개의 겹친 얼굴을 발견하는 묘한 경험을 하게 된 행운. 새로운 좌대에 앉아 시선을 사로잡으며, 군계일학처럼 석실의 한 자리를 차지한 추상석들. 그것들의 홀림에 푹 빠져 지내다보면 조금씩 아주 조금씩 오래도록 맛에 넋을 앗기고 멋에 마음을 주며 마주보며 묻고 대답하는 맞장구 그 울림은 권영자교향곡의 진수라고 할 수 있다.

권영자 애석가의 탐석에 대한 예술 활동은 어떤가?
권영자 교향악단원 중 제1바이올린이 카덴차로 묻고 제2바이올린이 그에 응답하는 묘한 울림이 이어질 것만 같다. 피카소의 안목이 동원되고 허클베리 핀의 모험이 미학적 수석에서 한 단계 다른 세계를 넘나들게 한다고 했다. 무한한 상상력을 요하는 예술의 경지를 체험할 수 있는 사적이고 공적인 시공간을 건축한 것이다.
권영자 수필가의 예술은 겸손의 미적 발현이다. 초심으로 돌아가 탐석의 삼매경에 빠지는 예술가다. '어쩌다 우연히'가 아니다. 수많은 돌들과 눈 맞춤하며, 땅을 파서 묻혀있는 돌을 뒤집어보고, 들었다 놓기를 수십 수백 번, 끊임없이 반복하는 중노동을 마다않는 끈기와 열정은 고독과 애수와 겨누어 이끌어낸 필연이요 금맥이다. 애석인을 곧잘 바람둥이로 빗대는 이유를 알 것 만 같다. 먹빛 돌밭에 이는 바람이 시절인연을 업어오고 대자연은 조금씩 아주 조금씩 깨우침을 주었으리라.

끌림-울림-홀림의 조화

예술은 울림이다. 비등점과 빙점 사이에 위치한 찰나의 고요랄까. 울림을 꿈꾸는 의식이다. 불꽃을 혹은 방아쇠를 요구하는 그 울림을 위하여 우리는 상상력을 동원하고 온갖 도구를 사용한다. 어쩌면 우리네 일상은 끌림과 홀림에 정서를 맡긴 채 우왕좌왕 하는 줄도 모른다. 작고 사소한 것에 입맛을 다시기도 하고 거칠고 야속한 것에 객기를 부려 보기도 하면서 '먹은 마음' 녹였다가 얼렸다가 녹여보면서 거울 속 자화상에 색채를 빼거나 더할 것이다.

인체 중에 감각기관이 가장 발달된 손은 그 사람이 살아낸 세월을 고스란히 담고 있다. 누구의 지체로 태어나는 가에 따라 다른 존재가치를 부여받는 것이 바로 손이다.
불멸의 작품을 남겨 죽어서도 영생을 사는 예술가의 손. 고통 받는 자의 위로가 되어주는 간호사의 손. 농부의 거친 손. 어부의 억센 손. 물기 마를 틈 없는 주부의 손. 저마다 그 소용에 따라 달인의 경지에 오르기도 삶의 자취를 영원히 기리는 핸드프린팅의 영광스런 주인공이 되기도 한다.
손은 그 사람을 나타내는 또 다른 얼굴이다. 여성들이 외모 못지않게 손을 가꾸고 치장하는 것도 그 때문이다. 내 손을 본다. 부모로부터 물려받은 유전인자 탓도 있지만, 섬섬옥수와는 거리가 먼 도무지 여인의 손 같지 않게 작달막하고 마디가 굵어 볼품이 없다. 손빨래를 할 때도 거친 수석들을 매만지고 수반에 모래연출을 한 때도, 갑갑하다는 핑계로 늘 맨손이다. 손을 써야하는 일에 대충 대충이 통하지 않는 성격이다 보니, 손은 움직이기 위에서 있다는 의식에 충실한 노동의 고단함이 고스란히 배어있다.

★ 손 ★ 일부

"예술은 손끝에서 이루어진다." 마음에 담을 만한 글월이다. 권영자 수필가 역시 손에 대한 평소의 울림이 컸던 모양이다. 솜씨로 하여금 달인이네 명품이네 무형문화재네 등등 개개인의 보편적 삶의 가치가 자리매김 되지 않던가. 갖가지 손 중에서 불멸의 가치를 지닌 대표적인 손은 어머니의 손이 아닐까 싶다. 손빨래를 할 때도. 거친 수석들을 매만지고 수반에 모레연출을 할 때도. 갑갑하다는 핑계로 늘 맨손이었던, 손을 써야하는 일에 대충 대충하지 않는 성격이다 보니, 손은 움직이기 위해 있다는 의식에 충실한 노동의 고단함이 고스란히 배어나오는 권수필가의 손끝은 울림을 준다.
거실을 채우고 내실 벽까지 자리를 내어 준 그 손, 애석들 하나하나를 자식처럼 돌보던 그 손은 그들의 언어로 풀어낸 교향곡을 연주하거나 지휘하고 있으리라. 끌림-울림-홀림의 조화를 이루어 3박자의 미뉴에트를 연출하리라.

텔레비전 프로인 시(媤)월드를 자주 본다. 시어머니와 며느리들이 나와서 서로의 마음속 이야기를 털어 놓는 자리다. 시집살이란 말이 어느 세월의 이야긴지 모를 만큼 며느리들의 입지가 견고하다. 마음에 담아두고 참아내는 것이 미덕이라던 세월을 살아온 시어머니 앞에서 할 말 다한다. 남편의 흉허물도 민망할 정도로 여과 없이 들추어낸다. 이런 아내들 득세에 남편들은 점점 풀기가 죽는다. 애정의척도가 남편의 수익에 비례한다. 돈 버는 기계로 전락한 남편의 월급은 고스란히 아내 통장으로 입금된다. (중략) 어쩌다 이 지경까지 되었는지. 아들만 둔 시어머니인 내 가슴도 무너져 내린다.
요즘은 대다수 남편이 가정에서 숨을 죽이고 살아야하는데 비해 치솟는 아내들의 기를 대변하는 처(妻)월드가 단연우세다. 나도 며느리였다. (중략) 지금은 며느리 입장이지만 미구에 시어머니가 된다. (중략) 가족이라는 공동체가 흔들리거나 분열이 일어나지 않도록 서로를 이해하고 존중해주는 처(妻)월드였음 어떨까. 시어머니로 사는 시름이 크다.

★ 처(妻)월드 ★ 일부

모래 위에 지은 누각이 이러할까. 레일아트 유행이 한창이다. 손톱 위에 건설한 처(妻)월드다. 그들이 바라는 불멸의 꽃 시절이 머물러 주었으면 하는 측은지심마저 든다. 슬픈 울림이다. 담김도 풀림도 일어나지 않는다. 다만 볼트와 너트의 조임만이 힘을 빼간다. 안과 밖의 어울림이 마치 현악기와 관악기가 주거니 받거니 조화로운 연주여야 함은 물론이다. 가정은 예술이다. 비인간화가 아닌 인간화된 가정의 예술이 그리운 시대다. 권영자 수필은 이렇게 시대상을 교향곡으로 연출하고자 한다는 점에서 주목할 필요가 있다. 그 외에도 예시된 「얼굴가리개 마음가리개」 작품처럼 혁신과 진화 과정에서 안식과 쉼을 주기 위하여 아주 조금씩 느린 빠르기로 교향곡 제4악장 피날레를 장식해야 할 것만 같다.

권영자의 수필세계는 수석의 언어로 풀어낸 고향곡이다.
절대고독이 빚어 만든 돌의 언어를 차용한 글이다. 핏기가 있어 온기가 흐르고, 숨결이 있어 살아있는 유기체로서의 수석이다. 이 모두가 탐석인이요 애석인이며, 탐석생활자인 권수필가의 손끝이 낳은 피붙이인 것이다. 금맥을 캐려하지 않았다. 다만 글로써 인맥을, 인맥으로 금맥을 발굴하려 했던 것이다.

빠르게-느리게-빠르게(조금씩-아주 조금씩) 이러한 형식미와 균형미가 갖추어진 교향곡악단장이요 지휘자로서 수백의 수석들에게서 아름다운 소리를 발굴했던 것이다. 수석 단원들의 소리들을 주고받으며 울림을 조성하여 그들의 거처에서는 교향곡이 노련의 구루갈이에 흥을 북돋아 주고 있다.

남편을 비롯해 가족들의 온화한 끌림과 오해를 넘어 애석생활에 동조하는 울림으로 세상을 홀리고 이웃을 불러 위로와 쉼을 곁에 두는 축복받은 삶을 누리고 있는 것이리라. 다만 일생동안 거실이나 안방에 거처를 마련해 주었던 수석들에게 이제는 제 자리로 돌려보내는 석별의 교향곡을 연주해야할 과제가 남은 것이다.

雲香 권영자 愛石 年歷

1982년 3월 애석생활 입문

1993년 2월6일 韓壽研友會 창립회원 現 고문

2005년 8월26 – 8월30 인사동 백악미술관
운향 권영자 』구름과 香氣 개인수석전시회 개최
』구름과 香氣 기념석보 발간

2005년 8월 26일 한국여류수석가 1호 추대

2009년 12월 애석계를 빛낸 人物 선정

2013년 3월 한민족수석회 창립회장 선임 12년 연임 現 회장

2025년 5월14일 – 5월27일 인사동 인사아트센타 1층 전시실
운향 권영자 애석의 길 43년 회고전 개인수석전시회 개최
』구름과 香氣 愛石文集 발간

편집을 마치며

사십여 년 애석의 한길을 걸어온 자취도 돌아보고 시절因緣이 닿아 자연의 품에서 내 집 석실로 자리를 옮겨온 돌들에게 특별한 의미를 부여해 주고 싶어 』구름과 香氣 1집 石普에 수록된 돌들을 제외하고, 그동안 주로 임진강. 소양강 탐석으로 모아진 돌들과 블로그에 올린 글들이 어우러진 愛石文集을 회고전 기념으로 엮었다.

한 점 한 점 석명을 지어주고 사진을 찍어 순서배열을 하는 편집과정을 거치면서, 숱한 날 돌밭에서 기원하듯 인연 돌을 찾던 일이며, 순간의 마주침으로 생명력을 부여받게 되는, 그 필연 같은 돌들을 만났던 그때의 감동들이 되살아나 피곤한 줄도 시간가는 줄도 몰랐다.

소장하고 있는 돌들이 내게 안겨준 애석생활의 즐거움이 그대로 배어나는 석보를 만들기 위해, 어떤 형식이나 고정관념에 매이지 않는 자연스러운 연출을 했으며, 돌의 이미지에 맞는 사진도 함께 실어 수석을 모르는 사람도 쉽게 공감할 수 있도록 꾸몄다.

공산품처럼 완벽할 수 없는 대자연이 만든 작품들을 부디 아름다운 눈으로 보아주시길 바라며, 돌을 사랑한 여인의 향기가 묻어나는 애석문집으로 전해졌으면 하는 마음이다.

2025. 5

운향 권 영 자

구름과 향기

권영자 애석문집

1판 1쇄 인쇄/ 2025년 5월 10일
1판 1쇄 발행/ 2025년 5월 16일

지은이 / 권영자
펴낸이 / 우희정
펴낸곳 / 도서출판 소소리

등록 / 제300-2007-21호
주소 / 03073 서울 종로구 성균관로 5길 39-16
전화 / 765-5663, 010-4265-5663
e-mail: sosori39@hanmail.net

값 45,000원

ISBN 979-11-5891-215-4 03810